ALTDEUTSCHE TEXTBIBLIOTHEK

Begründet von Hermann Paul
Fortgeführt von Georg Baesecke und Hugo Kuhn
Herausgegeben von Burghart Wachinger

Nr. 3

Hartmann von Aue

Der arme Heinrich

Herausgegeben von
Hermann Paul

neu bearbeitet
von Kurt Gärtner

18., unveränderte Auflage

De Gruyter

1. Auflage 1882
2. Auflage 1893
3. Auflage 1904
4. Auflage 1907
5. Auflage 1912
6. Auflage 1921
7. Auflage 1930
8. Auflage 1941 } besorgt von Albert Leitzmann
9. Auflage 1949
10. Auflage 1953
11. Auflage 1958
12. Auflage 1961 } besorgt von Ludwig Wolff
13. Auflage 1966
14. Auflage 1972
15. Auflage 1984   besorgt von Gesa Bonath
16. Auflage 1996   besorgt von Kurt Gärtner
17. Auflage 2001   besorgt von Kurt Gärtner

Die Deutsche Bibliothek – CIP Einheitsaufnahme

ISBN 978-3-11-025426-6
ISSN 0342-6661

Bibliografische Information der Deutschen Nationalbibliothek
Die Deutsche Nationalbibliothek verzeichnet diese Publikation in der Deutschen
Nationalbibliografie; detaillierte bibliografische Daten sind im Internet
über http://dnb.d-nb.de abrufbar.

© 2010 Walter de Gruyter GmbH & Co. KG, Berlin/New York
Druck: AZ Druck und Datentechnik, Kempten
∞ Gedruckt auf säurefreiem Papier
Printed in Germany
www.degruyter.com

Inhalt

Vorwort zur 16. Auflage

Die vorliegende Neubearbeitung bietet den ›Armen Heinrich‹ mit einem vollständigen Apparat unter dem kritischen Text und ermöglicht dadurch einen bequemen Vergleich mit der schmalen, aber variantenreichen Überlieferung. Die Einleitung wurde neu gefaßt, der kritische Text aber nur in begrenztem Maße verändert gegenüber den Vorgängerauflagen, die Gesa Bonath und vor ihr Ludwig Wolff betreut haben. Berücksichtigt sind erstmals die von Karin Schneider und mir in den Benediktbeurer Bruchstücken (Hs. E) identifizierten und noch unveröffentlichten weiteren Teile aus dem ›Armen Heinrich‹ und außerdem einige für die Textkritik und Textgeschichte aufschlußreiche Zitate aus dem ›Armen Heinrich‹ in der mittelhochdeutschen Literatur. Die neuen Bruchstücke von E konnten wegen ihrer schlechten Lesbarkeit im Original erst anhand von Spezialaufnahmen, die im Landeskriminalamt München im Mai 1996 angefertigt wurden, umfassend für diese Ausgabe ausgewertet werden. Das sicher Lesbare und das Erschließbare zeigen jetzt, daß ihre textkritische Bedeutung nicht hoch genug einzuschätzen ist. Der neue kritische Text umfaßt daher insgesamt 24 Verse mehr als der alte.

Bei meiner Arbeit an der Ausgabe habe ich vielfältige Unterstützung und Beratung erfahren. Zu danken habe ich an erster Stelle Roy Boggs (Cape Coral, Florida), der den maschinenlesbaren Text der 14. Auflage zur Verfügung stellte und der seit vielen Jahren auf dem Gebiet der Hartmann-Lexikographie mit mir zusammenarbeitet; für die Förderung dieser Zusammenarbeit, die der Neubearbeitung zugute kam, ist auch der Humboldt-Stiftung zu danken. Zu ganz besonderem Dank bin ich Karin Schneider (Herrsching) verpflichtet, die mir ihre Beschreibung der Benediktbeurer Bruchstücke (Cgm 5249, 29a) zur Verfügung stellte zusammen mit wertvollen Hinweisen zu den Handschriftenbeschreibungen. Zu danken habe ich Gisela Kornrumpf (München), die die Münchener Fragmente für mich eingesehen hat und viele klärende Hinweise zur Überlieferung gab, und Klaus Klein (Marburg) für

Gespräche über besondere Aspekte der Überlieferung. Danken möchte ich noch vielen Kolleginnen und Kollegen für Anregungen und sachkundige Hinweise, namentlich meinen Trierer Kollegen Christoph Gerhardt, Jürgen Jaehrling, Ralf Plate und Walter Röll, sodann Ingrid Kasten (Berlin), Aleya Khattab (Berlin / Kairo) und Yoshihiro Yokoyama (Trier / Tokyo).

Für die Erstellung der Ausgabe wurde in allen Arbeitsstufen die EDV eingesetzt; dabei wurden die Möglichkeiten des ›Tübinger Systems von Textverarbeitungs-Programmen‹ (TUSTEP) genutzt. Für die Erstellung der Satzroutinen und für Ratschläge zur Apparatgestaltung habe ich Paul Sappler (Tübingen) zu danken und für vielfältige Hilfe und sachkundigen Rat in allen Programmfragen Michael Trauth vom Trierer Rechenzentrum.

Für die Unterstützung bei der Arbeit an Text und Apparat danke ich Peter Müllen und besonders Johannes Fournier, der mir bei den zahlreichen Korrekturgängen geholfen hat; Dank schulde ich auch den Teilnehmern an einem Kolloquium im Wintersemester 1995/96, mit denen ich die Neubearbeitung erprobt habe. Schließlich habe ich noch den Bibliotheken in Berlin und München zu danken, deren Fragmente für die Neubearbeitung eingesehen wurden, insbesondere Dr. Brigitte Gullath von der Bayerischen Staatsbibliothek, die durch die umgehende Besorgung von Planfilmabzügen die Auswertung der erst Ende Februar 1996 bei der Autopsie der Benediktbeurer Bruchstücke identifizierten weiteren Streifen unterstützte und in Verbindung mit dem Verlag die Spezialaufnahmen im Landeskriminalamt München besorgte. Auch wenn die Zeit, die für die Neubearbeitung zur Verfügung stand, mir viel zu kurz erscheint, hoffe ich doch, daß sie sich bewähren wird und daß sie das Vertrauen zu rechtfertigen vermag, das der Herausgeber der ›Altdeutschen Textbibliothek‹ und der Verlag mir gewährt haben.

Trier, Mai 1996   Kurt Gärtner

Vorwort zur 17. Auflage

Für die neue Auflage wurden Einleitung, Text und Apparat durchgesehen und einige Änderungen vorgenommen, die zumeist auf Anregungen in den ausführlichen Rezensionen der Neubearbeitung durch Lambertus Okken (ABäG 48, 1997, 227–231) und Hartmut Freytag (ZfdA 127, 1998, 90–101) zurückgehen. Auch Werner Schröder hat sich zur Neubearbeitung ausführlich geäußert (s. Bibl. Nr. 33). Zahlreiche Materialien zur Überlieferung, Textkritik und Texterschließung des ›Armen Heinrich‹ hat inzwischen Roy Boggs im Internet allgemein zugänglich gemacht: http://www.fgcu.edu/rboggs/hartmann/index.htm. Wieder habe ich Paul Sappler (Tübingen) für Rat und Tat beim Umgang mit den TUSTEP-Satzroutinen und die Durchführung der abschließenden Satzläufe herzlich zu danken.

Trier, März 2001   Kurt Gärtner

Einleitung

I. Die Handschriften

Hartmanns ›Armer Heinrich‹ ist vollständig überliefert in drei Handschriften (A, Bᵃ, Bᵇ) und fragmentarisch in Resten von drei weiteren (C, D, E). Ferner gibt es ein kurzes Exzerpt (F). Seine Wirkung läßt sich schließlich daraus erkennen, daß in verschiedenartigen literarischen Texten des 13. und beginnenden 14. Jahrhunderts einzelne Verse oder Versfolgen übernommen wurden (vgl. Wolff, Bibl. Nr. 13, XVII–XIX).

A Straßburg, Stadtbibliothek, ehemals Bibliothek der Johanniter Cod. A 94, 1870 verbrannt.

Pergament, 80 Bll., in Quart oder Kleinfolio; 2 Spalten zu 32 Zeilen; Verse in der Regel abgesetzt, gelegentlich aber fortlaufend geschrieben und durch Reimpunkte getrennt; an den Versanfängen meist abwechselnd Majuskeln und Minuskeln, die Majuskeln rubriziert und vermutlich ausgerückt. Rote Überschriften; rote und blaue Initialen nach den Überschriften und an den Abschnittsgrenzen. – Nach H. Niewöhner zunächst (¹VL 1, 606) »kaum jünger als 1320–1330«, dann jedoch (¹VL 5, 414) – wegen der Zuschreibung von Nr. 19 an den König vom Odenwald durch E. Schröder – die üblich gewordene Datierung »auf 1330–1350«. Diese Zuschreibung läßt sich jedoch »nicht zwingend beweisen« (G. Kornrumpf, ²VL 5, 81), damit ist die von ihr abhängig gemachte Datierung ungesichert.

SCHREIBSPRACHE: elsässisch.

INHALT:

1.	1ʳᵃ–4ᵛᵃ	Der Traum von der Liebe
2.	4ᵛᵃ–8ᵛᵇ	Konrad von Würzburg: Das Herzmäre (Hs. S)
3.	8ᵛᵇ–11ᵛᵇ	Jacob Appet: Der Ritter unter dem Zuber (Hs. S)
4.	12ʳᵃ–13ʳᵇ	Frau Minne warnt vor Lügen

ABDRUCKE: Myller, Bibl. Nr. 7, 197–208; Gierach, Bibl. Nr. 15, 2–82 (vgl. 86f.); H. M. A. Sacker, An introductory Middle High German text. Hartmann von Aue's ›Der arme Heinrich‹ as printed by C. H. Myller. With introduction, grammar, notes and vocabulary, London 1964; Mettke, Bibl. Nr. 16, 56–132 (vgl. 49–51).

LITERATUR: E. G. Graff, Diutiska I, Stuttgart und Tübingen 1826, S. 314–317 [Kurze Beschreibung und Inhaltsangabe]; G. A. Wolff, Diu halbe bir. Ein Schwank Konrads von Würzburg, Diss. Erlangen 1893, S. LXXXII–LXXXVIII; Gierach, Bibl. Nr. 22, 503–523; I. Glier, Artes amandi. Untersuchung zu Geschichte, Überlieferung und Typologie der deutschen Minnereden, München 1971 (MTU 34), S. 98–116; E. Grunewald, Bibl. Nr. 31. – Die Mären, Minnereden und umfangreicheren Stücke sind unter den genannten Autoren oder Werktiteln im ^{2}VL mit eigenen Ar-

tikeln berücksichtigt; zu den kleineren Stücken Nr. 8–12 vgl.
K. Gärtner, *Wer parat welle lernen, der uar in diese tauernen.*
Eine Zech- und Spielrede aus der ersten Hälfte des 14. Jhs. In:
Beiträge zur weltlichen und geistlichen Lyrik des 13. bis 15. Jahr-
hunderts. Würzburger Colloquium 1970, hg. v. K. Ruh und
W. Schröder, Berlin 1973, S. 84–97, hier S. 84–86.

B steht als Gruppensigle für die Hss. B^a und B^b.

Die beiden Hss. enthalten eine umfassende Sammlung kleinerer
mhd. Reimpaardichtungen. B^a überliefert 213, B^b 203 Texte, über-
wiegend in gleicher Reihenfolge und mit wenigen Abweichungen.
In B^a, die zum größten Teil direkte Vorlage von B^b war, bildet der
›Arme Heinrich‹ (Nr. 133) das Ende einer zweiten Märenreihe
(Nr. 126–132); ihm geht voraus auf Rasur der ›Streit der vier
Töchter Gottes‹ (von einem anderen Schreiber), und ihm folgt
eine Sammlung kleinerer weltlicher Gedichte vom Stricker
(Nr. 134–199). Abweichend von dem weitgehend parallelen Auf-
bau ist in B^b vor dem ›Armen Heinrich‹ (Nr. 141) auf einer ei-
genen Lage eine Reihe von Texten eingeschoben (B^b Nr. 136–
140), die nach anderer Vorlage als B^a abgeschrieben sind und in
B^a (Nr. 206, 210, 211, 201) am Schluß stehen. Die Übersicht auf
S. XI umfaßt nur einen kleinen Teil des Inhalts, der aber genügt,
um den Überlieferungszusammenhang, in dem der ›Arme Hein-
rich‹ in den beiden Hss. steht, zu erkennen. Für die Reihenfolge
der Texte ist die Anordnung von B^b maßgebend.

B^a   Heidelberg, Universitätsbibliothek, Cpg 341, Bl. 249ra–258va.

Pergament, 374 Bll., 30,8 × 22,5 cm; 2 Spalten, in der Regel zu
40 Zeilen; Verse abgesetzt, Versanfänge mit Majuskeln, Anfangs-
buchstabe eines Reimpaares in einer Leiste ausgerückt. Rote
Überschriften; abwechselnd rote und blaue Initialen nach den
Überschriften und an den Abschnittsgrenzen. – Mehrere Schrei-
ber, von denen einer (Bl. 351ra–371vb) mit dem Schreiber von B^b
identisch ist; Textualis des 1. Viertels des 14. Jhs.

SCHREIBSPRACHE: südl. Ostmitteldeutsch, »etwas stärker bair. ge-
färbt« als die Parallelhs. B^b (K. Schneider, S. 83); Lokalisierung
in einem Sprachraum, »der das nordwestliche Böhmen (um Eger),

Oberfranken (das alte Regnitzland) u. das südliche Vogtland umfaßt« (ebda.). – Die Zirkumflexe über Wörtern am Versende werden von Meyer (S. 12) als »Lese- oder Interpunktionszeichen« aufgefaßt, nach Mettke (Bibl. Nr. 16, 51) ist mit ihnen »nichts anzufangen«.

FAKSIMILE: Müller, Bibl. Nr. 17.

ABDRUCK: Gierach, Bibl. Nr. 15, 2–82 (vgl. 87f.); Mettke, Bibl. Nr. 16, 57–131 (vgl. 51f.).

LITERATUR: Kocian, Bibl. Nr. 21, 5–23 [Verhältnis A–B und Bᵃ–Bᵇ]; G. Rosenhagen, Kleinere mittelhochdeutsche Erzählungen, Fabeln und Lehrgedichte. III. Die Heidelberger Handschrift Cod. Pal. Germ. 341, Berlin 1909 (DTM 17), Nachdruck Dublin/Zürich 1970, S. I–XXVIII [Beschreibung von Bᵃ und Vergleich mit Bᵇ],

XXXV–XLI [Inhaltsverzeichnis]; O. R. Meyer, Der Borte des Dietrich von der Glezze. Untersuchungen und Text, Heidelberg 1915 (Germanistische Arbeiten 3), S. 7–30 [Schreibsprache von B^a = P und B^b = K sowie Nachweis der direkten Abhängigkeit B^b von B^a]; Zwierzina, Bibl. Nr. 23 [Nachweis der direkten Abhängigkeit B^b von B^a]; Mihm, Bibl. Nr. 24, 47–61, 135 f.; E. Stutz, Der Codex Palatinus Germanicus 341 als literarhistorisches Dokument. In: Bibliothek und Wissenschaft 17 (1983) 8–26; H.-J. Ziegeler, Beobachtungen zum Wiener Codex 2705 und zu seiner Stellung in der Überlieferung früher kleiner Reimpaardichtung. In: Deutsche Handschriften 1100–1400. Oxforder Kolloquium 1985. Hg. v. V. Honemann und N. F. Palmer, Tübingen 1988, S. 469–526, hier S. 506–522, Tabelle 5 [Synopse von B^a (=H) und B^b (= K)]; K. Schneider in: Deutsche Handschriften des Mittelalters in der Bodmeriana. Katalog bearbeitet von R. Wetzel. Mit einem Beitrag von Karin Schneider zum ehemaligen Kálocsa-Codex, Cologny/Genève 1994, S. 81–129 [Beschreibung von B^b, die auch die Parallelhs. B^a einbezieht].

B^b Cologny, Bibliotheca Bodmeriana, Cod. Bodmer 72 (früher Kálocsa, Erzbischöfliche Bibliothek, Ms. 1), Bl. 256ra–265rb.

Pergament, II + 333 Bll., 34,2 × 25,5 cm; 2 Spalten, in der Regel zu 40 Zeilen; Verse abgesetzt; Versanfänge mit Majuskeln, Anfangsbuchstaben eines Reimpaars in einer Leiste ausgerückt. Vor den einzelnen Stücken in der Regel rote, gereimte Überschriften von der Hand des Schreibers; abwechselnd rote und blaue Initialen mit Fleuronnée in der Gegenfarbe nach den Überschriften und an den Abschnittsgrenzen. – Von derselben Hand, die auch Bl. 351ra–371vb in B^a schrieb (Meyer, S. 19 ff.; Zwierzina, Bibl. Nr. 23, 222 f.); einfache Textualis des 1. Viertels des 14. Jhs. (K. Schneider, S. 81).

SCHREIBSPRACHE: südl. Ostmitteldeutsch mit unterschiedlich starkem bair. Einschlag (K. Schneider, S. 83), Lokalisierung wie die Parallelhs. B^a (s. o.).

FAKSIMILE: Sommer, Bibl. Nr. 18.

ABDRUCK: Koloczaer Codex altdeutscher Gedichte. Hg. v. J. N. Grafen Mailáth und J. P. Köffinger, Pesth 1817, S. 421–464; Gierach, Bibl. Nr. 15, 88–94 [Lesarten]; Mettke, Bibl. Nr. 16, 143–149 [Lesarten]; Müller, Bibl. Nr. 17 [Lesarten].

LITERATUR: s. o. zu B[a].

C   Berlin, Staatsbibliothek zu Berlin – Preußischer Kulturbesitz, Ms. germ. fol. 923,7a. Aus der Stiftsbibliothek St. Florian.

Pergament, vier Streifen von zwei in Richtung der Schriftzeilen zerschnittenen Bll., die beiden etwas größeren, ca. 3,5 × 8 cm, mit 7–9 erhaltenen Schriftzeilen aus der Mitte, die beiden anderen, ca. 2,5 × 8 cm, mit 1–2 Schriftzeilen und dem unteren Rand. Ursprünglich ca. 11–12 × 8 cm; 1 Spalte zu 21–22 Zeilen mit ca. 29–30 Versen; Verse fortlaufend geschrieben und durch Reimpunkte getrennt. – 1. Hälfte 13. Jh.

SCHREIBSPRACHE: alemannisch.

Enthält, z. T. nur unvollständig, die Verse 644–652d (Streifen 1[a]), 662a/b (2[a]), 671–682 (1[b]), 693–695 (2[b]), 827–838 (3[a]), 850–852a (3[b]), 860–870 (4[a]), 885–888 (4[b]). Durch die Anwendung von Reagenzien z. T. nicht mehr lesbar. Das Original neu verglichen für diese Ausgabe. – Wohl aus einer Sammelhs., in welcher der ›Arme Heinrich‹ etwa drei Quaternionen beanspruchte.

FAKSIMILE: Müller, Bibl. Nr. 17.

ABDRUCK: Pfeiffer, S. 347f.; Gierach, Bibl. Nr. 15, 34–39, 44–49; Mettke, Bibl. Nr. 16, 138f.

LITERATUR: F. Pfeiffer, Bruchstücke aus dem Iwein und dem Armen Heinrich, Germania 3 (1858), 338–350, hier 347–350; Kocian, Bibl. Nr. 21, 23–29 [textkritischer Wert von C]; Gierach, Bibl. Nr. 15, 95, und Nr. 22, 257–270.

D   München, Bayerische Staatsbibliothek, Cgm 5249/29a+30a (früher Cgm 5249/29+30). Indersdorfer Fragment.

Pergament, ein am oberen Rand ohne und am unteren Rand mit 7 Zeilen Textverlust beschnittenes Doppelbl. (1[r/v]/4[r/v]) und ein vollständig erhaltenes Doppelbl. (2[r/v]/3[r/v]). Abgelöst von den Deckeln des aus dem Kloster Indersdorf stammenden Clm 7595 (15. Jh.). Vermutlich das äußere und nächstinnere Blatt einer Lage; 14,5 ×

ca. 10 cm, Seiten einspaltig zu 22–23 Zeilen mit ca. 30–34 Versen, die fortlaufend geschrieben und durch Reimpunkte getrennt sind; Versanfänge mit rubrizierten Majuskeln. – Textualis der 2. Hälfte des 14. Jhs.

SCHREIBSPRACHE: bairisch.

INHALT:

1^r–2^v Hartmann von Aue: Der arme Heinrich, V. 1266–1286, 1291–1372.
3^r–4^r Freidank: Bescheidenheit, V. 116–156, 1793–1808 und 2982–3001, 3018–3032 in der Reihenfolge der Hs. N im Abdruck von Chr.H. Myller (= 14,7–19,26f.; 15,3–4.1–2.5–6; 14,20–25; 15,11–14.9–10. 15–22; 129,27–130,3; 125,9–10; 121,6–7; 89,10–11; 41,12–15; 42,27–43,1; 165,21–166,16; 167,6–21 nach den Ausgaben von W. Grimm und H. E. Bezzenberger).

Wahrscheinlich aus einer Sammelhs., in der unmittelbar auf den ›Armen Heinrich‹ ein umfangreicherer Block mit Freidankauszügen folgte, der mit V. 1ff. in der Reihenfolge der Hs. N (nach dem Abdruck Myllers) begann.

FAKSIMILE: Müller, Bibl. Nr. 17.

ABDRUCK: Keinz, S. 82f.; Gierach, Bibl. Nr. 15, 68–77; Mettke, Bibl. Nr. 16, 140–142. Für die von Mettke, Bibl. Nr. 16, 52, angeführte abweichende Lesung zum V. 1273 ergibt der Vergleich des Faksimiles *sauberleih*.

LITERATUR: F. Keinz, Mittheilungen aus der Münchener Kön. Bibliothek IV, Germania 31 (1886), 80–83; Gierach, Bibl. Nr. 15, 9f., und Nr. 22, 270–295; B. Jäger, *„Durch reimen gute lere geben“*. Untersuchungen zu Überlieferung und Rezeption Freidanks im Spätmittelalter, Göppingen 1978 (GAG 238), S. 238; Karin Schneider, Die Fragmente mittelalterlicher deutscher Versdichtung der Bayerischen Staatsbibliothek München (Cgm 5249/1–79), Stuttgart 1996 (ZfdA, Beiheft 1), S. 58f.

E München, Bayerische Staatsbibliothek, Cgm 5249/29b. Benediktbeurer Bruchstücke.

Pergament, 11 Streifen, ca. 32 × 3,2–6,2 cm, von der Länge nach zerschnittenen Bll., die zur Abdichtung auf Orgelpfeifen der 1695 aufgestellten Orgel der Klosterkirche zu Benediktbeuern geklebt waren und bei Restaurierungsarbeiten 1964/65 gefunden wurden. Die Streifen 1 und 11, 2 und 3 sowie 4 und 5 gehören unmittelbar zusammen und sind Teile von drei Einzelblättern, die Streifen 10 und 6 bildeten die Außenränder eines Doppelblattes. Ursprüngliche Blattgröße 32 × ca. 25 cm; 3 Spalten zu 53–60 Zeilen; Streifen 4^v/5^v (Vorderseite!) zu 60, Streifen 5^r/4^r (Rückseite!) zu 58, Streifen 7 zu 53, die übrigen Streifen zu 55 Zeilen. Verse abgesetzt außer 8^v. Anverse mit rubrizierter Majuskel ausgerückt auf Streifen 2/3 und 8; Anverse ausgerückt und alle Versanfänge mit rubrizierter Majuskel auf Streifen 1/11, 4/5, 6 und 10; rote zweizeilige Initialen mit Fleuronnéerahmung, rote Überschriften; vor den Abschnittsanfängen rubrizierte Caputzeichen. Die rb-Spalte vor dem ›Armen Heinrich‹ (Streifen 4^v) ist freigelassen. – Zwei verschiedene Schreiber, 1. Hand: Streifen 1–3, 7^r, 8, 9, 11; 2. modernere Hand: Streifen 4–6, 7^v, 10; eine 3. Hand evtl.: Streifen 2^v/3^r, Z. 42–55. Textualis, Ende 13. / Anfang 14. Jh. Auf dem unteren Rand von 4^v/5^v und 6^v finden sich Einträge in kleinerer Schrift, vermutlich von der 1. Hand.

SCHREIBSPRACHE: westalemannisch (Klein, Bibl. Nr. 32, 160).

INHALT:

Streifen 3^v/2^r, 2^v/3^r Aristoteles und Phyllis (B)
Streifen 2^v/3^r Anfang eines unidentifizierten Textes
vc-Spalte, Z. 42–55: 14 Verse, zum größten Teil unleserlich; V. 3/4 *... die hortē sagen / ... dar zv̊ gedagen.*
Streifen 4/5, 10, 6   Hartmann von Aue: Der arme Heinrich
Streifen 4^v/5^v, rc-Spalte: V. 29–59, 85–115; die rb-Spalte ist frei bis auf den unteren Rand, auf dem unter der rb-Spalte 10 Zeilen und der rc-Spalte 6 Zeilen, zum größten Teil unleserlich, nachgetragen sind, die sich – wie sich aus den wenigen leserlichen Resten erschließen läßt – auf den Inhalt des ›Armen Heinrich‹ beziehen (vgl. zu Streifen 6^v). Streifen 5^r/4^r, va-Spalte: V. 116–142, 169–197; vb-Spalte: V. 198–255 (Versschlüsse von längeren Versen abgeschnitten). – Streifen 10^v, rc-Spalte: V. 1043–1097 (nur Versschlüsse, identifiziert durch Karin Schneider). Streifen 10^r, va-Spalte (Versanfänge, zum Teil unleserlich): V. 1098–1148 mit Plusversen 1114a/b und B 1130a/b. – Streifen 6^r, rc-Spalte (Versschlüsse): V. 1334–1364, die Plusverse in D 1364a–f, 1365–1382. Streifen 6^v, va-Spalte, Z. 1–48 (Versanfänge, z. T. unleserlich): V. 1383–1386, die Plusverse B 1386a–h, 1387–1416 mit B 1410a/b und vier Schlußverse 1416a–d.

Streifen 6ᵛ, 7, 9   Die gute Frau

Streifen 6ᵛ, va-Spalte, Z. 50–55: mit fünfzeiliger *K*-Initiale Anfang der ›Guten Frau‹, sechs größtenteils unleserliche Verse, die aber – soviel läßt sich erkennen – mit dem Prolog der bekannten Fassung nicht identisch sind. Auf dem unteren Rand 12 Zeilen (nur Zeilenanfänge), die sich auf den Inhalt und den Anfang der ›Guten Frau‹ beziehen: Z. 1 *Daz buch võ|* . . . Z. 6: *von kivnic k|*, danach Z. 7–12, mit Caputzeichen beginnend, vermutlich die nachgetragenen Anfangsverse der eigentlichen Erzählung in der hier überlieferten Fassung:

> *Ez saz hie v|*
> *Ein graue h::|*
> *Rupreht was|*
> *Be::ich hiez|*

Vgl. ›Gute Frau‹ (ed. E. Sommer), V. 21, 22, 25 und 26. – Streifen 9ᵛ, rc-Spalte: V. 583–637 (Versschlüsse); Streifen 9ʳ, va-Spalte: V. 638–692 (Versanfänge). – Streifen 7ʳ: V. 1020–1073 (Versschlüsse); Streifen 7ᵛ: V. 2826–2848 und anschließend eine vom bisher bekannten Text abweichende Fassung aus dem Schlußteil der ›Guten Frau‹.[1]

Streifen 8   Cato, sog. Rumpfbearbeitung

Von dem Streifen fehlen oben ca. 3–4 cm mit 5–7 Zeilen Textverlust. Streifen 8ʳ, rb-Spalte: V. 78–131, auf dem unteren Rand nachgetragen V. 87 f., 105 f. (Versschlüsse); rc-Spalte: V. 137–186 (Versanfänge). Streifen 8ᵛ, fortlaufend geschriebene Verse, va-Spalte: V. 208–254 (Zeilenanfänge), vc-Spalte: 260–320 (Zeilenanfänge). Zitiert nach der Ausgabe von F. Zarncke. Identifiziert durch Karin Schneider.

Streifen 11/1   Freidank: Bescheidenheit

Von Streifen 1 ist der untere Teil von ca. 12 cm abgerissen. Streifen 11ᵛ/1ᵛ, ra-Spalte: V. 1742–1797, rb-Spalte: 1798–1831 (ohne Versschlüsse), Text weitgehend unleserlich. – Streifen 1ʳ/11ʳ, vb-Spalte: V. 1961–1992 (ohne Versanfänge), vc-Spalte: V. 2016–2068; Text

---

[1] ›Die gute Frau‹ war bisher nur bekannt durch die Überlieferung im Wiener Cod. 2795, geschrieben um 1480; vgl. Denis J. B. Mackinder-Savage, ²VL 3, 328–330. Die Verse 3021 f. sind jetzt nachgewiesen als Exzerpt im Karlsteil (›Karls Ahnen und Taten‹, V. 31/32) zweier Handschriften des Heinrich von München-Komplexes, Cgm 7377, Bl. 260ʳᵃ und – nur V. 3022 – Gotha, Chart. A 3, Bl. 299ʳᵃ, von Frank Shaw: Die Darstellung Karls des Großen in der ›Weltchronik‹ Heinrichs von München, in: Zur deutschen Literatur und Sprache des 14. Jahrhunderts. Dubliner Colloquium 1981, hrsg. von W. Haug, T. R. Jackson und J. Janota, Heidelberg 1983 (Reihe Siegen 45), S. 173–207, hier S. 175 und 191.

z. T. unleserlich. Die Verse in der Reihenfolge der Hs. N im Abdruck von Chr. H. Myller (zur Ordnung der Sprüche in den Ausgaben von W. Grimm und H. E. Bezzenberger vgl. die Synopse bei Bezzenberger, S. 268). Streifen 11 identifiziert durch Karin Schneider.

Für die vorliegende Neubearbeitung der Ausgabe hatte Karin Schneider ihre damals noch unveröffentlichte Beschreibung zur Verfügung gestellt, die erstmals eine nähere Vorstellung von der Zusammensetzung dieser umfangreichen Sammelhs. gab. Nachdem weitere Texte der ungünstig zerschnittenen und an vielen Stellen nicht oder nur schwer lesbaren Streifen von ihr identifiziert worden waren, wurden für die Neubearbeitung die Originale nochmals verglichen und anhand von Abzügen von Planfilmaufnahmen der Bayerischen Staatsbibliothek die Texte der Streifen 1, 6, 9 und 11^v identifiziert. Eine genauere Lesung ermöglichten schließlich Spezialaufnahmen des Landeskriminalamtes München.

FAKSIMILE: Rosenfeld, Bibl. Nr. 26 [Teilfaksimile]; Müller, Bibl. Nr. 17 [Streifen 4/5].

ABDRUCK: Rosenfeld, Bibl. Nr. 26, 42–47; Mettke, Bibl. Nr. 16, 134–138; nur Text der Streifen 4/5.

LITERATUR: Rosenfeld, Bibl. Nr. 26 [nur zu Streifen 4/5]; derselbe, Aristoteles und Phillis. Eine neu aufgefundene Benediktbeurer Fassung um 1200, ZfdPh 89 (1970), 321–336 [Streifen 2/3, Abdruck mit zahlreichen Lesefehlern]; Blosen, Bibl. Nr. 30; Wolff, Bibl. Nr. 27; Röll, Bibl. Nr. 28; Bonath, Bibl. Nr. 29 und Nr. 13, X–XII; Karin Schneider, Die Fragmente (s. o. zu D S. XV), S. 59f.

F Freiburg, Universitätsbibliothek, Hs. 381, Bl. 72^r.

Auf Bl. 72^r des Pergamentteils der Hs. (Bl. 34–127; 2. Hälfte 12. Jh.) mit Kommentaren zu Ovid und Cicero wurden von einer Hand, »noch im 13. Jh.« (Kunze, S. 32) auf dem unteren Rand die Verse 199–204 des ›Armen Heinrich‹ eingetragen. Die Verse sind fortlaufend geschrieben und durch Reimpunkte getrennt. Bl. 72 war vermutlich das erste Blatt eines ursprünglich selbständigen Faszikels, der als erstes Stück Glossen zu Ovids ›Epistolae ex Ponto‹ enthält; ein späterer Schreiber trug auf Bl. 72^r über dem Schriftspiegel die Überschrift *glose ovidii* [?] *depoto* ein und auf dem unteren Rand als »eine Art Federprobe« (Bonath, Bibl. Nr. 13, XIII) die Verse aus dem ›Armen Heinrich‹.

ABDRUCK: Kunze, S. 32.

LITERATUR: K. Kunze, ›Arme Heinrich‹-Reminiszenz in Ovid-Glossar-Handschrift, ZfdA 108 (1979), 31–33; W. Hagenmaier, Die lateinischen mittelalterlichen Hss. der UB Freiburg im Breisgau (ab Hs. 231), Wiesbaden 1980 (Kataloge der UB Freiburg im Breisgau, Bd. 1, Teil 3), S. 118f.; Bonath, Bibl. Nr. 13, XIIf.

Konkordanz der Textzeugen

A	B	C	D	E	F
1–	1–				
				29–59	
				85–	
	+126a/b			+126a/b	
				–142	
				169–255	199–204
		644–			
		+652a–d			
	+654a/b	+654a/b			
	+662a–d	+662a–d			
		–695			
		827–888			
	+980a/b				
				1043–	
	+1130a/b			+1130a/b	
				–1148	
			1266–		
			+1280a–d		
	+1284a/b		+1284a/b		
	+1332a–d		+1332a–d		
				1334–	
			+1364a–f	+1364a–f	
			–1372		
	+1386a–h			+1386a–h	
	+1410a/b			+1410a/b	
				–1416d	
–1520	–1520b				

II. Charakteristik der Überlieferung

1. Die erhaltene Überlieferung besteht aus Sammelhandschriften oder den Resten von solchen, in denen der ›Arme Heinrich‹ mit kleineren Reimpaarwerken (Mären, Bîspeln, Reimpaarreden, Freidank- und Cato-Sprüchen) vereinigt war. Für die mhd. Kleinepik ist die Überlieferungsgemeinschaft von Werken mit weltlichen und geistlichen, epischen und didaktischen Aspekten nicht ungewöhnlich. Auch die charakteristischen Textveränderungen, die Kürzungen (E und A), die Erweiterungen (B) und schließlich die Umstellungen ganzer Abschnitte verbunden mit weiteren Modifikationen (B), teilt der ›Arme Heinrich‹ mit manchen der in den Sammelhss. überlieferten Werken der Kleinepik.

2. Die Überlieferung des ›Armen Heinrich‹ in den vollständigen Textzeugen A und B (B^a war direkte Vorlage für B^b) ist sehr verschieden. B überliefert eine tiefgreifende Bearbeitung des ursprünglichen Werkes. Aber auch A ist wegen seiner durch die Fragmente C, D und jetzt auch E sicher nachweisbaren Kürzungen für die Gewinnung eines autornahen Textes nur von eingeschränktem Wert; in Ermangelung eines besseren Textzeugen bildet A jedoch die Grundlage für die Ausgaben. Leider ist die Hs. 1870 verbrannt; der ›beste‹ Zeuge für den Text ist daher nur in einem fehlerhaften Abdruck vom Jahre 1784 zugänglich.

Die sekundären schreibsprachlichen Merkmale von A hat Gierach (Bibl. Nr. 22, 503–523) zusammengestellt, um zu zeigen, daß A auch als Leiths. nur bedingt geeignet ist. Charakteristisch für A sind z. B.: die Schwächung von *a* zu *e* in satzunbetonten Wörtern, so steht u. a. *men* für *man* (26, 464, 538), *der* für *dar* (3, 8, 910, 1004, 1306); unbetontes *-er* nach Nasal und Liquid erscheint häufig als *-re*: 13 × *sinre* (statt *siner*), ferner *minre* (441), *irre* (463), *ỳwerre* (196, 911, 1120), *alre* (522), *welre* (484), *dekeinre* (281), *bitterre* (109) usw. Diese Formen gebraucht Hartmann ebensowenig wie die Dative *mime, sime, dime* usw. in A. Präfixbildungen mit *vol-* haben in A die zweisilbige Form *volle-*, welche die bessere Überlieferung Hartmanns nicht kennt. In Formen wie *vollebringen* (193, 1055, 1302) zeigt sich das auch sonst in A immer wieder zu beobachtende Streben, die Senkung zu füllen. Zu den in den älteren Ausgaben verkannten Eigentümlichkeiten

der Schreibsprache von A gehört die Ersetzung des auslautenden
-m durch -n, die in besonders irritierenden Fällen im Apparat an-
geführt ist, z. B. bei *den* für *dem* (295, 877) und *im* für *in* (24, 285,
352, 1217, 1451). Die Hs. A ist wohl die ›beste‹ Hs., aber nicht
gut genug, um in den angeführten Fällen wie eine Leiths. auch als
Grundlage für die Schreibungen zu dienen. Es bleibt dem Heraus-
geber, der einen autornahen Wortlaut anstrebt, also nur die Mög-
lichkeit, den Wortlaut von A zur Grundlage für eine Normalisie-
rung zu machen, die nach Maßgabe der besten Überlieferung von
Hartmanns anderen Werken vorgenommen wird.

Zu den weiteren für A charakteristischen sekundären Merk-
malen, die zu den schreibsprachlichen Besonderheiten hinzukom-
men, gehören nach Gierach (Bibl. Nr. 22, 523–561) auf der lexi-
kalischen Ebene z. B. der Ersatz von *jehen* im Versinnern durch
sprechen (26, 647, 863, 901) und von *jâ* durch *joch* (207, 638,
688, 844, 1264), auf der syntaktischen Ebene z. B. das Weglassen
der alten Negationspartikel *ne-/en-*, und zwar auch in exzipierend-
einschränkenden Nebensätzen vom Typ V. 204 *gote enwelle der
arzât wesen* (vgl. noch 1105, 1307, 1398, 1441). Textveränderun-
gen aus metrischen Gründen sind besonders charakteristisch für
A: Das ausgeprägte Streben nach einem regelmäßigen Wechsel
von Hebung und Senkung zeigt sich immer wieder darin, daß zur
Herstellung des Auftaktes und zur Füllung von Senkungen Parti-
keln eingesetzt werden; bevorzugte Füllwörter sind *dâ, dô, doch,
gar, ouch, sô, und, vil, wol.* Aus dem Vergleich mit C läßt sich
schließen, daß in A »durchschnittlich jeder fünfte vers gefüllt
worden ist« (Gierach, 549).

A hat aber auch einen besonderen Vorzug, der seine textkriti-
sche Qualität ausmacht. Aus dem Vergleich der Überlieferung er-
gibt sich, daß die Hs. weder Versumstellungen noch sekundäre
Plusverse aufweist (bis auf die Wiederholung von 1453/54 nach
1472); freilich sind versehentlich Einzelverse ausgefallen (758; in
einer Vorstufe auch 709 und 1100, wofür in A Flickverse stehen),
und der Text ist systematisch gekürzt worden in weit größerem
Umfang, als früher angenommen wurde (s. u.).

Zur Verbesserung von A sind von Gierach mit großer Umsicht
drei Mittel herangezogen worden: 1. der genaue Vergleich der
Überlieferung, den seine Ausgabe mit dem synoptischen Abdruck
aller ihm bekannten Textzeugen außer B[b] erleichtert, 2. der Ver-

gleich mit den andern Werken Hartmanns und 3. »die ermittlung von fehlern aus dem zusammenhange des textes« (Gierach, 523).

Für die in den Hss. B^a und B^b überlieferte B e a r b e i t u n g B sind zunächst die zahlreichen Zusätze und Auslassungen sowie die Umstellungen ganzer Abschnitte charakteristisch. B^a geht nicht mit B^b zusammen auf eine gemeinsame Vorstufe zurück, wie immer wieder behauptet wird, sondern B^a ist direkte Vorlage von B^b gewesen, wie Zwierzina (Bibl. Nr. 23) gezeigt hat. Die Differenzen von B^a und B^b (in einer Synopse zusammengestellt bei Kocian, Bibl. Nr. 21, 11–16) sind in der Regel darin begründet, daß der Schreiber von B^b selbständig und mit Konsequenz den Text von B^a in die Formen seiner eigenen Schreibsprache umgesetzt hat (vgl. Zwierzina, Bibl. Nr. 23, 223).

Die auffälligsten Abweichungen der Hs. B^b von B^a sind die zusätzlichen Verse von B^b, deren Entstehung erklärt werden kann ohne die Annahme einer gemeinsamen Vorlage. Beide Hss. haben sogen. ›Spaltenreime‹, d. h. eine Schriftspalte wird gefüllt, indem der Schreiber einen auf den vorletzten Vers der Spalte reimenden neuen Vers hinzudichtet, um nicht mit dem ersten Vers eines Reimpaars die Spalte abschließen zu müssen (Beispiele bei Zwierzina, 215). Auf solche Weise entstehen individuelle sekundäre Dreireime, mit denen sich die direkte Abhängigkeit eines Textzeugen von einem andern sicher beweisen läßt. Der Spaltenreim V. 236a von B^a wird vom B^b-Schreiber übernommen, der nun seinerseits durch einen neuen Spaltenreim V. 250a die Spalte wieder komplettiert. Einen in B^a mitten in der Spalte vorhandenen Dreireim (vgl. zu V. 227) hat B^b aber auch mitten in der Spalte mit einem neugedichteten Vers (V. 228a) zu zwei Reimpaaren komplettiert. B^b meidet überlange Verse, die über die Spaltenbegrenzung hinausreichen, und löst daher einen in B^a vorliegenden langen Vers (vgl. App. zu 806/7) auf in drei Verse, die ein neues Reimpaar aufweisen (zu dieser Praxis in B^b vgl. Zwierzina, 221 f.).

Die zahlreichen Erweiterungen, Kürzungen und Umstellungen in B gegenüber A treten oft am Anfang oder Ende von Initialabschnitten auf; diese bilden meist die Nahtstellen für die tiefgreifenden Textveränderungen, die den Eindruck entstehen lassen, als sei die Fassung B »aus dem gedächtnis geschrieben« (Gierach, Bibl. Nr. 22, 563). Doch dies erklärt nicht zugleich auch die formalen und die inhaltlichen Veränderungen des ursprünglichen

Textes, die nur von einem Bearbeiter stammen können. Dieser nahm z. B. Anstoß an bestimmten Reimbindungen: Hartmanns häufig im Reim gebrauchtes *hërre(n)* ist für ihn regelmäßig Anlaß zu Änderungen gewesen, weil er nur *hêre* zuließ; daher werden in Versen mit Reimen auf *hërre(n)* die ursprünglichen Reimwörter *vërre, (ge)wërre(n), mërre* meist durch *sêre* ersetzt und z. T. auch der Kontext verändert (vgl. 365 f., 427 f., 491 f., 757 f., 897 f., 927 f., 973 f., 999 f., 1051 f., 1073 f., 1405 f.) oder es wird das Reimpaar ganz weggelassen (1175 f.), zweimal zusammen mit weiteren Versen (1111 f. mit 1108–1113, 1151 f. mit 1149–1154). Die am meisten auffallende inhaltliche Änderung ist der neue, von A abweichende Schluß der Erzählung: In einem längeren Zusatz nach V. 1513 wird berichtet, daß Heinrich und seine *kone* als Klosterleute ihr Leben beschließen. Freilich sind nicht alle Plusverse von B gegenüber A sekundär, und auch sonst kann B gegenüber A den ursprünglichen Wortlaut bewahrt haben. Dies zeigen vor allem die Fragmente.

3. Unter den Fragmenten spielt C mit seinen 61 ganz oder teilweise erhaltenen Versen eine Schlüsselrolle für die textkritische Beurteilung der gesamten Überlieferung; denn der in C überlieferte Wortlaut steht in jeder Hinsicht (Schreibsprache, Wortgebrauch, Syntax, Wortstellung, Metrik und Versbestand) dem Ursprünglichen am nächsten (vgl. Gierach, Bibl. Nr. 22, 257–270). Aus dem Vergleich von C mit A ergibt sich erstens, daß in A die ursprüngliche Reihenfolge der Verse treu bewahrt und der Text nicht durch Plusverse aufgeschwellt ist; so werden die von früheren Herausgebern vor dem Auffinden von C für unecht gehaltenen Verse 852a/b in A (in B stehen sie nach 812) durch die Bezeugung in C als ursprünglich erwiesen; und zweitens, daß A im Bereich von C mehrere Lücken hat bzw. daß die Plusverse anderer Hss. nicht sämtlich von vornherein sekundäre Zusätze eines Bearbeiters sind; so sind die nur in C überlieferten Verse 652a–d ursprünglich, ebenso die Verse 654a/b in B, die für C zu erschließen sind, und die Verse 662a–d in B, die in C teilweise erhalten sind.

Für das Fragment D, das 119 Verse bezeugt, sind wie für B und C Plusverse gegenüber A charakteristisch. Da diese z. T. auch in B vorkommen (s. u.), hängt von der Entscheidung über ihre Echtheit die Feststellung des ursprünglichen Versbestandes ab. D allein überliefert 20 Plusverse nach 1322 (1322a–t), von denen nur die letzten vier (1322q–t) auch in B (1320a–d) vorkommen. Weitere sechs Verse (1364a–f) überliefert D nur zusammen mit E. Ob D eine Bearbeitung mit Erweiterungen (1322a–t) und Kürzungen (1297–1308) repräsentiert und mit B auf eine gemeinsame Vorstufe zurückgeht (Gierach, Bibl. Nr. 22, 294f.), die umfangreicher war und auch Erweiterungen gegenüber dem ursprünglichen Text aufwies, ist durch die Kenntnis der Parallelüberlieferung in den neuen Fragmenten von E fraglich geworden. Der textkritische Wert von D bedürfte einer erneuten Prüfung, denn es ist nicht auszuschließen, daß sich alle Plusverse von D angesichts der durch C und E bewiesenen Kürzungstendenzen von A als ursprünglich erweisen lassen könnten. Gierach (Bibl. Nr. 22, 270–295) hat sämtliche Plusverse von D für unecht gehalten, doch mit Paul sind 1280a–d (nur in D), 1284a/b (DB) und 1332a–d (DB) sowie nun erstmals auch 1364a–f (DE) in den kritischen Text dieser Ausgabe aufgenommen worden. Über die Ursprünglichkeit der übrigen Plusverse (1322a–t) wäre erneut zu befinden.

Das zuletzt aufgefundene Fragment E, das rund 400 Verse – z. T. allerdings nur unvollständig (bloß Versschlüsse oder -anfänge und an vielen Stellen unleserlich) – bezeugt, bietet eine um den Prolog 1–28 und den Schluß 1417–1520 sowie um zwei weitere Abschnitte am Anfang (60–85, 143–168) gekürzte Fassung. Gegenüber A hat es aber wiederum Plusverse: V. 126a/b (in B nach 151) dürften nach eingehender Diskussion (vgl. Bibl. Nr. 26–29) als ursprünglich gelten und gehören daher in den Text, ebenso 1130a/b (mit B), 1364a–f (mit D), 1386a–h (mit B) und 1410a/b (mit B). Die durch E allein bezeugten Plusverse 1114a/b sind ebenfalls ursprünglich und in B nur deshalb nicht vorhanden, weil der Bearbeiter hier gekürzt hat, um den Reim mit *hërre* zu beseitigen (s. o.); leider sind 1114a/b weitgehend unleserlich und nur deshalb vorerst nicht in den Text aufgenommen worden. Sekundär sind in E nur die Schlußverse 1416a–d, wenn man nicht mit Rosenfeld (Bibl. Nr. 26, 51f., 60–64; vgl. Röll, Bibl. Nr. 28, 187–193) den kürzeren Text von E, also ohne Prolog und ohne Schluß, für eine erste Autorfassung hält und den von den übrigen Hss. bezeugten für eine zweite Autorfassung, die der alternde Dichter um einen Prolog und einen Schluß erweitert hätte. Der

Schluß in E könnte aber auch unabhängig vom Prolog als ursprünglich angesehen werden; die ›Iwein‹-Schlüsse der Hss. B und f zeigen, wie ein ›offener Schluß‹ zur Komplettierung einlädt.[2] Eine genauere Untersuchung von E dürfte jedenfalls für die textkritische Beurteilung der Hs. A und der Plusverse in den andern Textzeugen noch Folgen haben; denn mit E gibt es neben C einen weiteren zuverlässigen Zeugen, der die Lückenhaftigkeit von A bestätigt (Bonath, Bibl. Nr. 29, 208), die Gierach nur für punktuell und auf den Bereich von C konzentriert hielt.

Die Fragmente sind für die Eruierung eines autornahen Textes im Hinblick auf den Wortlaut der einzelnen Verse von unterschiedlichem Wert, im Hinblick auf den Umfang aber bringt ihr Zeugnis einen sicheren Zuwachs von mindestens 42 Versen zu dem in A überlieferten Bestand.

Das Exzerpt von F und die im Apparat angeführten Zitate in späteren Werken zeigen, wie bekannt der ›Arme Heinrich‹ gewesen sein muß. Für die Textgeschichte ergibt sich z. B., daß die vier Verse 78a–80 in der Fassung B um 1260 bekannt gewesen sein müssen, als Konrad von Würzburg sie als Zitat für seinen ›Engelhard‹ verwendete.

4. Die Feststellung des Handschriftenverhältnisses ist angesichts der geschilderten Überlieferungslage nicht nur für die Textgeschichte von Bedeutung, sondern durch die erweiterte Kenntnis von E auch für die Textkritik. B^a ist direkte Vorlage von B^b gewesen. B und D gehen wahrscheinlich auf Vorstufen zurück, die gegenüber A den ursprünglichen Versbestand möglicherweise ungekürzt bewahrten. Die Vorstufe von D (*D) dürfte aber autornäher gewesen sein als die von B (*B), weil D keine Umstellungen und die damit verbundenen redaktionellen Veränderungen aufweist. Die Einordnung von E war bis zur Entdeckung der neuen Verse umstritten: Wolff (Bibl. Nr. 27, 181 f.) setzte eine gemeinsame Vorstufe *EB an, Gesa Bonath dagegen hielt E für nicht verwandt mit B (Bibl. Nr. 29, 202); für Gesa Bonaths Auffassung sprechen jetzt auch die ihr noch unbekannten Teile von E.

---

[2] Vgl. Christoph Gerhardt: ›Iwein‹-Schlüsse, Literaturwissenschaftliches Jahrbuch 13 (1972), 13–39; Corinna Biesterfeldt: Werkschlüsse in der höfischen Epik des Mittelalters. Ein Forschungsbericht, Zs. für Literaturwissenschaft und Linguistik 99 (1995), 51–68; Müller, Bibl. Nr. 35.

Die vollständigen Textzeugen A und B bzw. die Vorstufe *B ge-
hen vermutlich auf einen gemeinsamen Hyparchetyp zurück; da-
für spricht vor allem, daß in A und B die allein bezeugten Verse
von C 652a–d sowie von D bzw. DE 1280a–d und 1364a–f fehlen.
C steht als unabhängiger Textzeuge für sich, ebenso wohl auch E;
ob auch D für sich steht, sollte noch genauer untersucht werden.
F läßt sich wegen seines geringen Umfangs nicht einordnen.

III. Zur Ausgabe

Hermann Paul hatte 1882 die 1. Auflage (Bibl. Nr. 13) auf
die seinerzeit maßgebende kritische Ausgabe von Moriz Haupt
(2. Auflage 1881, Bibl. Nr. 12) bezogen, die als einzige in einem
Apparat unter dem Text die damals bekannte Überlieferung voll-
ständig berücksichtigte und auch die Besserungen früherer Her-
ausgeber verzeichnete. Paul stellte in der Einleitung lediglich die
Abweichungen von Haupts Text zusammen und verzichtete auf
einen Apparat. Die Beziehung auf die maßgebende kritische Aus-
gabe war auch für Albert Leitzmann und nach ihm für Ludwig
Wolff verbindlich, die die Betreuung von der 7. Auflage (1930 ff.)
an übernahmen und sich auf die inzwischen erschienene maß-
gebende Ausgabe von Erich Gierach (2. Auflage 1925, Bibl.
Nr. 15) bezogen.

Gierach bot in seiner Ausgabe die gesamte ihm bekannte
Überlieferung in einem vollständigen Parallelabdruck und stellte
diesem seinen hergestellten Text gegenüber. Nur die Überliefe-
rung des ›Armen Heinrich‹ in der Hs. B^b, die Konrad Zwierzina
als Abschrift von B^a erkannt hatte (Bibl. Nr. 23), nahm er aus
und stellte ihre größtenteils nur rein graphischen Abweichungen
von B^a in einem Anhang zusammen (Bibl. Nr. 15, 88–94); der
Anhang umfaßt u. a. auch eine vollständige Zusammenstellung
der Abweichungen der anderen Ausgaben von seiner Ausgabe
(S. 97–106). Gierach hatte seinen kritischen Text in fünf ›Unter-
suchungen zum Armen Heinrich‹ (Bibl. Nr. 22) ausführlich be-
gründet.

Dem Modell Gierachs folgte 1974 die Ausgabe von Heinz
Mettke (Bibl. Nr. 16): Nach einer literaturgeschichtlichen Einlei-
tung wird der Text der Hss. A und B^a synoptisch abgedruckt, es

folgen dann Abdrucke der Fragmente, auch des 1964/65 aufge-
fundenen Fragments E, und schließlich der hergestellte Text, der
von dem Gierachs und Leitzmanns bzw. Wolffs aber nur in be-
grenztem Maße abweicht (vgl. Bibl. Nr. 16, 153–157). Die Bes-
serungen des Textes gegen die Hss. hatte Mettke kursiviert und
damit die unsichere Grundlage des hergestellten Textes, die ge-
rade an den besonders problematischen Stellen immer gegenwär-
tig sein sollte, deutlich gemacht. Aufgrund dieses Vorzugs und
vor allem im Hinblick auf die vollständige Zusammenstellung der
Überlieferung, die z. T. von neuem anhand von Mikrofilmen der
Handschriften kontrolliert worden war, bietet Mettkes Ausgabe
derzeit die beste Gundlage für eine vergleichende Beschäftigung
mit Text und Überlieferung. Mettke hatte bereits auch die nicht in
A überlieferten Verse 126a/b und 1332a–d in den kritischen Text
aufgenommen.

Die Bearbeitung der 15. Auflage der ATB-Ausgabe erfolgte
1984 durch Gesa Bonath, die Ludwig Wolff bereits bei der Vor-
bereitung der letzten von ihm betreuten Auflage unterstützt hatte.
Gesa Bonath hatte ebenso wie die anderen Bearbeiter, die nach
Ludwig Wolff die Betreuung der in der ATB erschienenen Werke
Hartmanns übernahmen, eine entscheidende Neuerung eingeführt:
Die in der Einleitung der früheren Auflagen dokumentierte Be-
ziehung auf die maßgebende kritische Ausgabe – für den ›Ar-
men Heinrich‹ wäre das die Ausgabe Gierachs bzw. Mettkes
gewesen – wurde aufgegeben und ersetzt durch die direkte Bezie-
hung auf die Überlieferung selbst, die sich durch einen textkriti-
schen Apparat unter dem hergestellten Text bequem vergleichen
läßt.

Die vorliegende Neubearbeitung der ATB-Ausgabe geht nun
noch einen Schritt weiter in der bereits von Gesa Bonath ein-
geschlagenen Richtung: Während sie wegen der zahlreichen und
auch umfangreichen Abweichungen der in B vorliegenden Be-
arbeitung die Lesarten von B nur in einer Auswahl bot, werden
nun die in B überlieferten Abweichungen vom hergestellten Text
in einem neuen Apparat vollständig dargestellt. Damit liegt erst-
mals wieder eine Ausgabe vor, die wie die Ausgabe von Moriz
Haupt den hergestellten Text zusammen mit einem vollständi-
gen Apparat bietet und so den Text an jeder Stelle leicht über-
prüfbar macht. Wie brauchbar eine Ausgabe mit vollständigem

Apparat ist, hat sich schon bei der ersten Auswertung der neu-gefundenen E-Fragmente immer wieder gezeigt. Nachdem E an-hand der Spezialaufnahmen besser lesbar ist, zeigt sich erst recht, daß angesichts der schlechten Überlieferung des ›Armen Hein-rich‹ nur ein vollständiger Apparat mit Einschluß von B textkri-tische Fragen ermöglicht. Die Abweichungen in B sind freilich allein schon wegen der Umstellungen ganzer Verspartien auch mit Hilfe sehr detaillierter Angaben im Apparat nicht immer leicht in ihrem Zusammenhang vorzustellen; daher behalten die Ausgaben von Gierach und Mettke ihren Wert für jeden, der sich genauer mit der Überlieferung beschäftigen will.

IV. Zum Text

1. Über das Verhältnis des Textes der Neubearbeitung zu dem der Vorgängerauflagen ist nur wenig zu sagen: Der hergestellte Text, der im wesentlichen auf der Überlieferung in A basiert, weicht – vom Bereich der E-Fragmente und von der Negation und Inter-punktion abgesehen – nur in begrenztem Maße von der Fassung ab, die Ludwig Wolff in den von ihm betreuten Auflagen geboten hat. Auch Gesa Bonath hatte daran in der von ihr bearbeiteten 15. Auflage nur wenig geändert. Außer der Verbesserung von Druckfehlern und einer Veränderung der Absatzgliederung, bei der sie sich strikt an die Überlieferung hielt, war sie noch an rund 30 Stellen von Wolffs Text abgewichen. Diese A b w e i c h u n g e n v o n W o l f f hat sie alle in ihrem Apparat verzeichnet; überwie-gend handelt es sich dabei um die Bevorzugung von A-Lesarten gegenüber B-Lesarten, welche Wolff und schon Leitzmann wie später auch Mettke meist aufgrund der Untersuchungen Gierachs für ursprünglich hielten und in den Text gesetzt hatten, z. B. an den folgenden Stellen: 108, 121, 122, 213, 258, 464, 537, 581, 623, 645, 791, 906, 991, 1077, 1125, 1248. Die Neubearbeitung folgt an diesen Stellen wieder Wolffs Text; an einigen anderen jedoch der Lesung Gesa Bonaths, die z. T. mit Mettke überein-stimmt, so z. B. 256 (mit A), 289, 537 (mit A), 576 (enklitischer Gen. *es* A gestützt durch *sîn* B), 852a (*viere* A), 875 (mit B), 896 (mit B), 906 (mit A), 1206 (mit A), 1252 (mit A), 1490 (mit A). Gegen AB, an deren gemeinsamer Lesart Gesa Bonath festhält, ist

383 und 835 aufgrund von Gierachs Untersuchungen die Besserung vorzuziehen, die Wolff und Mettke bieten, auch wenn Gierach selbst 835 anders liest. Im Bereich der alten E-Fragmente wurde 126a/b mit Mettke in den Text aufgenommen, die neuen E-Fragmente konnten trotz ihrer eingeschränkten Lesbarkeit mehrfach berücksichtigt werden, z. B. im Text zu 1064 (mit A), 1076 (gegen AB), 1097 (mit B), 1100, mehrmals zwischen 1120 und 1140, 1335 (mit D), 1364a–f (mit D), 1383 (mit A), 1386, 1386a–h (mit B), 1390 (mit B), 1402 und 1410a/b (mit B).

2. Die Gliederung des Textes in Absätze, die durch Zeileneinzug und Großschreibung kenntlich gemacht ist, folgt in der Neubearbeitung dem Verfahren Gesa Bonaths; sie hatte Absätze nur dort zugelassen, wo sie durch Initialen in den Hss. bezeugt sind. Lediglich die Abschnitte bei 349 und 1333 sind wie in den früheren Auflagen wieder eingeführt: Bei 349 kann nach den Grimms, die die Straßburger Hs. im Original verglichen haben und auch immer nur durch sie bezeugte Abschnitte übernehmen, eine *I*-Initiale gestanden haben; bei 1333 spricht der Einschub in B an einer Abschnittsgrenze für einen Absatz; bei 1386a ist mit E eine Abschnittsgrenze angesetzt. Die Untersuchungen Linkes (Bibl. Nr. 25, 127–134) wurden verglichen.

3. Die alte Negationspartikel *ne/en* wurde nach den in der Einleitung zur ›Erec‹-Ausgabe (S. XXVf.) beschriebenen Regeln an mehreren Stellen eingefügt.

4. Im Bereich der Fragmente sind am rechten Rand des Textes Beginn und Ende angezeigt; für C ist zusätzlich die Zählung der Streifen bei Gierach bzw. Pfeiffer mitberücksichtigt.

5. Eine Neuerung gegenüber allen früheren Auflagen ist die nach Mettkes Vorbild eingeführte Kursivierung der Besserungen, wenn diese gegen alle Hss. vorgenommen wurden und ohne Aufwand als solche durch Kursive kenntlich gemacht werden konnten. Die Urheber der so gekennzeichneten Besserungen werden in der Regel im Apparat genannt.

6. Die Interpunktion ist gegenüber der Vorgängerauflage weniger sparsam, bedürfte aber einer noch weiter gehenden Revision. Parenthesen sind nicht mehr durch runde Klammern, son-

dern durch Parenthesestriche markiert. Das Kolon (Doppelpunkt) ist fast nur noch nach Redeeinleitungen verwendet; an den anderen Stellen ist es meist durch ein Semikolon oder einen Punkt ersetzt. Nur an wenigen Stellen sind die Abweichungen von der Interpunktion in der Vorgängerauflage im Apparat angegeben.

V. Zum Apparat

Der Apparat der Neubearbeitung verzeichnet erstens so vollständig wie möglich die Abweichungen der Hss. vom kritischen Text, soweit sie nicht durch die graphische, lautliche, morphologische und metrische Normalisierung bedingt sind (zu den Prinzipien vgl. die Einleitung zu den ATB-Ausgaben von Hartmanns ›Erec‹ und ›Gregorius‹), und dokumentiert zweitens in begrenztem Maße die Bemühungen der Forschung um die Herstellung eines kritischen Textes. Der Apparat ist nach folgenden Gesichtspunkten eingerichtet:

1. Die Abweichungen der Hss. vom kritischen Text werden in der Schreibweise der Hss. geboten; die Abkürzungen werden nicht aufgelöst. Wird eine Abweichung von mehreren Hss. mit kleineren graphischen Unterschieden bezeugt, dann bietet der Apparat immer nur die Schreibung der erstgenannten Hs. Bei der Wiedergabe der Lesarten werden jedoch die *s*-Formen nicht unterschieden, die Punkte über dem *y* nicht berücksichtigt und die Varianten von *I/J* und *i/j* einheitlich als *I* bzw *i* wiedergegeben.

2. Die Lesarten von A werden in der z. T. rekonstruierten Schreibung in Gierachs Ausgabe geboten, nicht wie in der 15. Auflage nach Myllers unzureichendem Abdruck; zur Schreibung in A vgl. jetzt Grunewald, Bibl. Nr. 31.

3. Lesarten und Angaben, die sich auf einen ganzen Vers oder auf mehrere Verse beziehen, gehen den Lesarten, die sich nur auf Versteile bzw. Einzelverse beziehen, voraus.

4. In Lesarten, die sich auf den Versanfang beziehen, beginnt das erste Wort immer mit einer Majuskel, auch wenn die Versanfänge in den Hss. nicht mit einer Majuskel beginnen.

5. Die Schreibung v o r d e r L e m m a k l a m m e r ist die des kritischen Textes und daher nicht immer identisch mit der Schreibung der Hss. oder der Forscher, auf die sie zurückgeht.

6. In eindeutigen Fällen wird vor der Lemmaklammer der Text nicht wiederholt, sondern es sind nur die Sigle(n) der Hs(s). und/ oder der/die Forschername(n) verzeichnet.

7. Im Bereich der Fragmente wird vor der Lemmaklammer öfter explizit angegeben, welche Hss. den Text bezeugen. Im übrigen läßt sich angesichts der schmalen Überlieferung in der Regel leicht erschließen, auf welchen Hss. der Text basiert.

8. Mehrere Lesarten zur selben Texteinheit sind durch K o m m a t a getrennt. Nach S e m i k o l o n oder in r u n d e n K l a m m e r n folgen Bemerkungen, Hinweise usw. zu den unmittelbar vorausgehenden Angaben.

Für die Verzeichnung der Abweichungen von den früheren Auflagen, der textkritischen Entscheidungen und Besserungen gilt folgendes:

9. Die Abweichungen vom Text früherer Auflagen, insbesondere der von Ludwig Wolff betreuten 14. Auflage, sind in der Regel verzeichnet, die Abweichungen der von Gesa Bonath betreuten 15. Auflage dagegen nur ausnahmsweise. Die Abweichungen der 14. Auflage von Gierachs Text, die Ludwig Wolff S. XX–XXIV zusammen mit dem handschriftlichen Hintergrund verzeichnet hat, sind jedoch nur in wenigen Fällen wiederholt. Ebenso sind die Übereinstimmungen von Wolff und Bonath mit Gierach nicht ausdrücklich angegeben. Im Bereich der bereits bekannten Bruchstücke von E sind in der Regel zu textkritisch umstrittenen Stellen nur die Forscher genannt, die die Diskussion abschließend zusammengefaßt haben.

10. Textkritische Entscheidungen der Herausgeber früherer Auflagen und anderer Ausgaben für die Lesarten einer Hs., meist für B gegen A, werden nur ausnahmsweise namentlich gekennzeichnet. Im Bereich des zuletzt gefundenen F r a g m e n t s E werden aber einige Male zusätzlich zu den Lesarten von E die Urheber von Besserungen genannt, wenn ihr Vorschlag durch E bestätigt wurde.

11. **Besserungen gegen die Hss.** werden in der Regel ge-
kennzeichnet, und zwar mit dem Namen des Gelehrten, der sie
z u e r s t vorgebracht hat. Die Besserungen Gierachs, die er in sei-
nen Untersuchungen (Bibl. Nr. 22) begründete, werden mit Gie-
rachs Namen und der in Frage kommenden Seitenzahl der Unter-
suchungen gekennzeichnet; entsprechendes gilt für die Besse-
rungsvorschläge einiger anderer Forscher (vgl. den Schlüssel
zum Apparat). Die Besserungen Wolffs, die Gesa Bonath in die
15. Auflage übernommen hat, werden mit Wolffs Namen gekenn-
zeichnet.

12. Die **Zitate** aus dem ›Armen Heinrich‹ bei den Zeitgenossen
Hartmanns und bei späteren Autoren, deren Berücksichtigung von
Albert Leitzmann (ZfdPh 53 [1928] 111) und zuletzt von Walter
Röll (Bibl. Nr. 28, 196–199) gefordert wurde, sind in einer klei-
nen Auswahl im Apparat angeführt worden; sie werden zitiert
nach den allgemein zugänglichen Ausgaben unter Angabe des
Herausgebers.

VI. Bibliographie (Auswahl)

Da die reiche Literatur zu Hartmanns Werken gut erschlossen ist, werden
nur einige ausgewählte Einführungen und Hilfsmittel genannt und danach
nur diejenigen Ausgaben und Faksimiles sowie diejenigen Arbeiten zur
Überlieferung und Textkritik, auf die in der Einleitung und im Apparat der
Neubearbeitung verwiesen wird oder die für die Neubearbeitung mit Ge-
winn herangezogen wurden.

Einführendes, Hilfsmittel

1. Hendricus Sparnaay: Hartmann von Aue. Studien zu einer Biographie.
   2 Bde. Halle 1933 und 1938. Nachdruck [in einem Bd. mit einem
   Vorwort von Christoph Cormeau] Darmstadt 1975.
2. Peter Wapnewski: Hartmann von Aue. Stuttgart 1962 (Sammlung
   Metzler M 17); 7., ergänzte Aufl. Stuttgart 1979.
3. Christoph Cormeau und Wilhelm Störmer: Hartmann von Aue: Epo-
   che – Werk – Wirkung. München 1985; 2., überarb. Aufl. München
   1993.
4. W. H. Jackson: Chivalry in twelfth-century Germany. The works of
   Hartmann von Aue. Cambridge 1994 (Arthurian Studies 34).

5. Elfriede Neubuhr: Bibliographie zu Hartmann von Aue. Berlin 1977 (Bibliographien zur deutschen Literatur des Mittelalters 6).
6. Roy A. Boggs: Hartmann von Aue. Lemmatisierte Konkordanz zum Gesamtwerk. 2 Bde. Nendeln 1979 (Indices zur deutschen Literatur 12/13). [Mit Reimindex und rückläufigem Verzeichnis der Lemmata]

Ausgaben, Faksimile, Übersetzungen

7. Christoph Heinrich Myller: Samlung deutscher Gedichte aus dem XII. XIII. und XIV. Jahrhundert. Bd. 1,2. Berlin 1784. [S. 197–208 Abdruck der Hs. A]
8. Der arme Heinrich von Hartmann von der Aue. Aus der Straßburgischen und Vatikanischen Handschrift hg. und erklärt durch die Brüder Grimm. Berlin 1815.
9. Auswahl aus den Hochdeutschen Dichtern des dreizehnten Jahrhunderts von Karl Lachmann. Berlin 1820. [S. 1–52 Von dem armen Heinriche, nach Hs. A]
10. Altdeutsches Lesebuch v. Wilhelm Wackernagel. 1. Theil: Poesie und Prosa vom IV. bis zum XV. Jahrhunderte. Basel 1835; ²1839 [Sp. 321–360 Hartmanns Armer Heinrich]; ³1847, ⁴1861, ⁵1871.
11. Der arme Heinrich Herrn Hartmanns von Aue und zwei jüngere Prosalegenden verwandten Inhalts. Mit Anmerkungen und Abhandlungen. Hg. v. Wilhelm Wackernagel. Basel 1855; 2. Aufl. hg. v. Wilhelm Toischer. Basel 1885; 3. Aufl. neu hg. v. Ernst Stadler. Basel 1911.
12. Die Lieder und Büchlein und der arme Heinrich von Hartmann von Aue. Hg. v. Moriz Haupt. Leipzig 1842; 2. Aufl. bes. v. Ernst Martin. Leipzig 1881.
13. Hartmann von Aue: Der arme Heinrich. Hg. v. Hermann Paul. Halle 1882, ⁶1921; 7. Aufl. bes. v. Albert Leitzmann 1930, ⁹1941; 10. Aufl. bes. v. Ludwig Wolff. Tübingen 1953, ¹⁴1972; 15. Aufl. bes. v. Gesa Bonath 1984 (ATB 3).
14. Hartmann von Aue. Hg. v. Fedor Bech. Zweiter Theil: Lieder. Die Klage. Büchlein. Grêgorjus. Der arme Heinrich. Wiesbaden 1869, 3. Aufl. Leipzig 1891 (Deutsche Classiker des Mittelalters 5,2).
15. Der arme Heinrich von Hartmann von Aue. Überlieferung und Herstellung. Hg. v. Erich Gierach. Heidelberg 1913; 2., verbesserte Aufl. 1925 (Germanische Bibliothek 3. Abt.: Kritische Ausgaben altdeutscher Texte 3).
16. Hartmann von Aue: Der arme Heinrich. Hg. v. Heinz Mettke. Leipzig 1974; 2. unveränderte Aufl. 1986 (BI Textausgaben).
17. Hartmann von Aue: Der arme Heinrich. Abbildungen und Materialien zur gesamten handschriftlichen Überlieferung. Hg. v. Ulrich Müller. Göppingen 1971 (Litterae 3).

18. Hartmann von Aue: Der arme Heinrich. Fassung der Handschrift Bb – Abbildungen aus dem Kaloczaer Kodex. Hg. v. Cornelius Sommer. Göppingen 1973 (Litterae 30).
19. Hartmann von Aue: Der arme Heinrich. Mittelhochdeutsch / Neuhochdeutsch. Übers. v. Siegfried Grosse. Hg. v. Ursula Rautenberg. Stuttgart 1993 (RUB 456). [Mhd. Text nach der 14. Aufl. der ATB-Ausgabe von Wolff (Bibl. Nr. 13) mit einigen Änderungen Mettkes (Bibl. Nr. 16) gegenüber Wolff]
20. Hartmann von Aue: Der arme Heinrich. Mittelhochdeutscher Text und Übertragung. Auf der Grundlage der Textedition von Helmut de Boor durchgesehen, neu übertragen, mit Anmerkungen und einem Nachwort versehen v. Helmut Henne. Frankfurt 1994 [zuerst 1985] (Fischer TB 6488). [Text nach A unter Vergleichung der früheren Ausgaben und der Hss.]

Zur Überlieferung und Textkritik

21. Franz Kocian: Die Bedeutung der überarbeiteten Handschriften B^a und B^b und der St. Florianer Bruchstücke für den Text des ›Armen Heinrich‹. Progr. Budweis 1878.
22. Erich Gierach: Untersuchungen zum Armen Heinrich.
    I. Die Bruchstücke des Armen Heinrich, ZfdA 54 (1913), 257–295;
    II. Fehler in der Textbehandlung, ZfdA 55 (1917), 303–336;
    III. Schreibformen von A im kritischen Text, ebda., 503–523;
    IV. Weitere Verbesserungsvorschläge, ebda., 523–561;
    V. Das Handschriftenverhältnis, ebda., 561–568.
23. Konrad Zwierzina: Die Kalocsaer Handschrift. In: Festschrift für Max H. Jellinek. Wien und Leipzig 1928, S. 209–232. [Verhältnis von B^a und B^b]
24. Arend Mihm: Überlieferung und Verbreitung der Märendichtung im Spätmittelalter. Heidelberg 1967 (Germanische Bibliothek, 3. R.).
25. Hansjürgen Linke: Epische Strukturen in der Dichtung Hartmanns von Aue. Untersuchungen zur Formkritik, Werkstruktur und Vortragsgliederung. München 1968.
26. Hellmut Rosenfeld: Ein neu aufgefundenes Fragment von Hartmanns von Aue ›Armen Heinrich‹ aus Benediktbeuern, ZfdA 98 (1969), 40–64. [Beschreibung und Abdruck von E]
27. Ludwig Wolff: Das Benediktbeurer Fragment des ›Armen Heinrich‹, ZfdA 99 (1970), 178–186.
28. Walter Röll: Zu den Benediktbeurer Bruchstücken des ›Armen Heinrich‹ und zu seiner indirekten Überlieferung, ZfdA 99 (1970), 187–199.
29. Gesa Bonath: Überlegungen zum ursprünglichen Versbestand des ›Armen Heinrich‹, ZfdA 99 (1970), 200–208.

30. Hans Blosen: Nachlese zur Handschrift E des ›Armen Heinrich‹, Text und Kontext 3:1 (1975), 152–154.
31. Eckhard Grunewald: Zur Handschrift A 94 der ehem. Straßburger Johanniterbibliothek, ZfdA 110 (1981), 96–105. [Schreibformen und Inhalt von A]
32. Thomas Klein: Ermittlung, Darstellung und Deutung von Verbreitungstypen in der Handschriftenüberlieferung mittelhochdeutscher Epik. In: Deutsche Handschriften 1100–1400. Oxforder Kolloquium 1985. Hg. von Volker Honemann und Nigel F. Palmer, Tübingen 1988, S. 110–167.
33. Werner Schröder: Der *Arme Heinrich* in der Hand von Mären-Schreibern, Stuttgart 1997 (Sitzungsberichte der Wissenschaftlichen Gesellschaft der Johann Wolfgang Goethe-Universität Frankfurt am Main, Bd. XXXV, Nr. 1).
34. Kurt Gärtner: Spaltenreime in der Überlieferung des ›Armen Heinrich‹ Hartmanns von Aue. In: Septuaginta quinque. Festschrift für Heinz Mettke. Hg. v. Jens Haustein, Eckhard Meineke, Norbert Richard Wolf, Heidelberg 2000, S. 103–110.
35. Ulrich Müller: Vom A und O mittelhochdeutscher Dichtung. Überlegungen zur Abhängigkeit von Edition und Interpretation am Beispiel von Anfang und Schluß des ›Nibelungenlieds‹ und des ›Armen Heinrich‹ Hartmanns von Aue. In: Edition und Interpretation. Neue Forschungsparadigmen zur mittelhochdeutschen Lyrik. Festschrift für Helmut Tervooren. Hg. v. Johannes Spicker in Zusammenarbeit mit Susanne Fritsch, Gaby Herchert und Stefan Zeyen, Stuttgart 2000, S. 57–71.

Schlüssel zum Apparat

Bech	=	Bechs Ausgabe 3. Auflage, Bibl. Nr. 14
Blosen 153 f.	=	Bibl. Nr. 30
Bonath	=	Pauls Ausgabe 15. Auflage, Bibl. Nr. 13
Bonath V ff.	=	Einleitung zu Pauls Ausgabe 15. Auflage, Bibl. Nr. 13
Bonath 200 ff.	=	Bibl. Nr. 29
Gierach	=	Gierachs Ausgabe 2. Auflage, Bibl. Nr. 15
Gierach 257 ff.	=	Bibl. Nr. 22 (I)
Gierach 303 ff.	=	Bibl. Nr. 22 (II)
Gierach 503 ff.	=	Bibl. Nr. 22 (III–V)
Grimm	=	Bibl. Nr. 8
Haupt	=	Haupts Ausgabe 2. Auflage, Bibl. Nr. 12
Lachmann	=	Bibl. Nr. 9
Leitzmann	=	Pauls Ausgabe 9. Auflage, Bibl. Nr. 13
Mettke	=	Bibl. Nr. 16
Mettke 153 ff.	=	Mettke zur Textherstellung in seiner Ausgabe, Bibl. Nr. 16, 153–157
Pfeiffer	=	Pfeiffers Veröffentlichung von C, Germania 3 (1858), 347–350
Röll 187 ff.	=	Bibl. Nr. 28
Wackernagel	=	Wackernagels Ausgabe 2. Auflage 1839, Bibl. Nr. 10
Wolff	=	Pauls Ausgabe 14. Auflage, Bibl. Nr. 13
Wolff 178 ff.	=	Bibl. Nr. 27

Im Apparat verwendete Zeichen:

/ Versgrenze,

| Zeilengrenze in den Fragmenten mit fortlaufend geschriebenen Versen bzw. der Abbruch des überlieferten Textes,

[ ] Einklammerung für unsicher Lesbares,

::: zerstörte oder nicht sicher lesbare Buchstaben.

VON DEM ARMEN HEINRICHE

Ein ritter sô gelêret was
daz er an den buochen las
swaz er dar an geschriben vant;
der was Hartman genant,
5   dienstman was er ze Ouwe.
er nam im manige schouwe
an mislîchen buochen;
dar an begunde er suochen
ob er iht des vunde,
10 dâ mite er swære stunde
möhte senfter machen,
und von sô gewanten sachen,
daz gotes êren töhte
und dâ mite er sich möhte
15 gelieben den liuten.
nu beginnet er iu diuten
ein rede die er geschriben vant.
dar umbe hât er sich genant,
daz er sîner arbeit
20 die er dar an hât geleit
iht âne lôn belîbe,
und swer nâch sînem lîbe
si hœre sagen ode lese,
daz er *im* bitende wese
25 der sêle heiles hin ze gote.

Rubrik am Textanfang: Dis ist von dem armen heinriche *A,* Aw^s von [hern] heinrich [Owere von swaben] *E,* Ditz ist der arme heinrich / Got mach vns im gelich *B^a,* Ditz ist ein mere rich / von dem armen Heinrich *B^b.*   **1–28** *fehlen ohne Lücke in E.* **1** *Initiale AB.*   **5** Vñ was ein dinsteman von owe *B.*   **6** Der nam im eine sch. *B.* **7** An einem ieslichen (itslichen *B^b*) bvche (bvchen *B^b*) *B.*   **8** svchen *B^b.*   **11** Senfter mochte m. *B.*   **12** Mit so geweren *B.*   **14** und *fehlt B Mettke 155.*   **16** vns *B.* **17** die er *B^a*] er hie *B^b,* die *A.*   **20** an ditz bvch *B.*   **21** Niht one lan *A,* Ane lon icht *B.*   **22/23** Swer iz nach s. l. / Hôre *B.*   **22** und *streicht Mettke 155.*   **23** lesen (: wese) *A.*   **24** im *Lachmann*] in *A, fehlt B.* bittende *A.*   **25** *B*] Der selen heil *A.*

man giht, er sî sîn selbes bote
und erlœse sich dâ mite,
swer vür des andern schulde bite.
Er las daz selbe mære,   *Beginn E*
30 wie ein herre wære
ze Swâben gesezzen;
an dem enwas vergezzen
deheiner der tugent
die ein ritter in sîner jugent
35 ze vollem lobe haben sol.
man sprach dô nieman alsô wol
in allen den landen.
er hete ze sînen handen
geburt unde rîcheit;
40 ouch was sîn tugent vil breit.
swie ganz sîn habe wære,
sîn geburt unwandelbære
und wol den vürsten gelîch,
doch was er unnâch alsô rîch
45 der geburt und des guotes
so der êren und des muotes.
Sîn name was gnuoc erkennelich:
er hiez der herre Heinrich

---

26 Men seit *A*, Er gicht *B*.   **27** lôse sich selber *B*.   **28** vür *Wolff (vgl. Freidank 39,18)*] vor *B*, ừber *A*, umb *Gierach 531 (vgl. Greg. 3571f.)*. svnde *B*.   **29** Initiale *ABE. Gierach 525*] Er las dis selbe mere *A*, Her las vns ditz mere *B*, Vns saget d[iv] selbe mere (*div selbe rot durchgestrichen, unter* div *brauner Punkt*) *E (vgl. Bonath XI, Wolff 179f.)*.   **30** wie *A*] Daz *E*, Wie daz *B*.   **32** An dem was niht *B*, Des inwas nit *E*.   **33** *Wackernagel Mettke 156*] Dekeine der *A*, Aller der *B*, An dehein[s] *E*, nie deheiner *Gierach 333f. Wolff Bonath*.   **34** Der *B*. siner] d[s] *E*.   **35** vollem *AE (vgl. Gregorius 2047)*] ganzem *B*. liebe *E*.   **37–40** *in B:*

37   In allen den richen
38   Er hatte werlichen
39   Gebvrt vñ wisheit
40   Sin tvgent die was vil breit.

37 Von allen f[er]en landen *E*.   **38** ze *A*] in *E*.   **39** vñ dar zừ *A*.   **40** breit *B*] bereit *A*, gereit *E*.   **42** sîn geburt *Grimm*] An geburt *A*, Vñ gebvrt *E*, So was sin bvrt *B*.   **43** Andern vursten g. *B*.   **44** Er was vnnahe *B*. er *fehlt A*. so *E*.   **46** Alse *B*.   **47** *Initiale AB*. was gnuoc *E Wolff 183f.*] waz gar *A*, der was *B*.   **48** er *BE*] Vñ *A*. was geheizen heinrich *B*.

2

und was von Ouwe geborn.
50 sîn herze hâte versworn
valsch und alle dörperheit,
und behielt ouch vaste den eit
stæte unz an sîn ende.
âne alle missewende
55 stuont sîn êre und sîn leben.
im was der rehte wunsch gegeben
von werltlîchen êren;
die kunde er wol gemêren
mit aller hande reiner tugent.   *Ende E*
60 er was ein bluome der jugent,
der werltvreude ein spiegelglas,
stæter triuwe ein adamas,
ein ganziu krône der zuht.
er was der nôthaften vluht,
65 ein schilt sîner mâge,

49 von der o̊we *A.*   **50** daz hatte im *B.*   **51** dorpheit *B, mit lat. Glosse* ·i· r⁹ticitas *B*ᵃ*.*   **52** Vil wol behielt er den eit *B.*   vaste *fehlt E.*   **54** alle *fehlt E.*   missewende *mit lat. Glosse* ·i· dvbio *B*ᵃ*.*   **55** *E(A)]* Stvnt sin gebvrt *B.*   Vñ *A.*   **56** der rechter *B.*   **56–60** *Vgl.* ›Loccumer Artusroman‹ *Bl. B 1ʳ, 11–15 (ed. H. Beckers Nd. Wort 14, 1974, 31 und 41):*

```
11    en is de [rehte wnsch] gegeuen (56)
12    werreltliker ere[n] (56)
13    [de kan he] wol gemeren (58)
14    mit menige[r hande reiner] doget (59)
15    he is en blome der jo[get] (60).
```

57 von *E Gierach 540]* Zů *A,* Die *B.*   **58–63** *vgl. Hawich der Kellner,* ›Stephansleben‹ *(ed. McClean) 4549–53 (Röll 197):*

```
4549    si chund auch wol meren (58)
4950    manigerlaye tugent. (59)
4951    ya was sy in ïr jugent (60)
4952    ein chron weipleicher zucht (63)
4953    und gancz der nachsten flucht (64).
```

58–60 = ›Die gute Frau‹ *(ed. E. Sommer) 1476–60.*   **58** die *fehlt B.*   **59** Mit mancher hande tvgent *B,* Mit aller schlahte l o n e *E (Reimanpassung an 86, weil 60–85 in E ausgelassen sind, vgl. Wolff 180).*   **63/64** *in B:*

```
    Er was milde des gvtes
    Ein lewe sines mvtes.
```

64–67 = ›Dietrichs Flucht‹ *(ed. Martin) 2334–37 (Röll 196).*   **64** nôthaften *A* ›Dietrichs Flucht‹ *2234]* nôtigen *Gierach 540.*   **65** ein trôst aller s. m. ›Dietrichs Flucht‹ *2336.*

der milte ein glîchiu wâge:
im enwart über noch gebrast.
er truoc *den arbeitsamen* last
der êren über rücke.
70 er was des râtes brücke
und sanc vil wol von minnen.
alsus kunde er gewinnen
der werlte lop unde prîs.
er was hövesch unde wîs.
75 Dô der herre Heinrich
alsus geniete sich
êren unde guotes
und vrœlîches muotes
und werltlîcher wünne
80 – er was vür al sîn künne
geprîset unde gêret –,
sîn hô*ch*muot wart verkêret
in ein leben gar geneiget.
an im wart erzeiget
85 als ouch an Absalône,
daz diu üppige krône   *Beginn E*
werltlîcher süeze
vellet under vüeze
ab ir besten werdekeit,

---

68 den arbeitsamen last *Lachmann*] der ersamen last *A*, die erbeit alse ein last *B*.
69 Die ere *B*.   **71** vil] so *B*.   **72** er *B*] er wol *A*.   **73** vñ iren pris *B*.   **74** *Gierach*
514, 550] hùbesch vñ dˢzů wis *A*, schone· junc· hvbsch· vñ wis *B*.   **75** *Initiale AB*.
herre *fehlt A*.   **76** Also *A*.   **78** *Danach in B*:
   78a   Vñ in der werlde (werde *Bᵃ*) lebete
   b   In dirre svze swebete
Die vier Verse 78a–80 z. T. wörtlich im ›Engelhard‹ *Konrads von Würzburg (ed.*
Gereke) 5299–5302 (Röll 199).   **79** In der werltlicher w. *B*.   **80** für alles *A*, vber
allez *B*.   **81** Gehohet *Bᵇ*, Gehoet *Bᵃ*.   **82** Daz wart im schire v. *B*.   hôchmuot
Haupt] hoher můt *A*.   **83** Er wart vil gachs (gahes *Bᵇ*) g. *B*.   **84** so wart *B*.
85 absolone *A*.   **86** *E schließt ohne Lücke an 59 an.*   Der die *B*, Nv (*aus* Dˢ *ver-*
bessert?) div *E* (*vgl. Wolff 180f.*).   **87** Vñ ovch der werlde svze *B*.   **88** *E*] Vellet
nider *A*, Ge zvckete *B*.   under vüeze *Haupt*] vnder die fùze *ABE*.   **89/90** *in B*:
   Von siner hôsten werdikeit
   An ein smeliches leit
vgl. 117/118.   **89** ir *nachgetragen E*.

<pre>
 90   als uns diu schrift hât geseit.
      ez sprichet an einer stat dâ:
      ›mêdiâ vîtâ
      in morte sûmus.‹
      daz diutet sich alsus,
 95   daz wir in dem tôde sweben,
      so wir aller beste wænen leben.
         Dirre werlte veste,
      ir stæte und ir beste
      und ir grœste magenkraft,
100   diu stât âne meisterschaft.
      des muge wir an der kerzen sehen
      ein wârez bilde geschehen,
      daz si zeiner aschen wirt
      iemitten daz si lieht birt.
105   wir sîn von brœden sachen.
      nû sehet wie unser lachen
      mit weinenne erlischet.
      unser süeze ist gemischet
      mit bitterer gallen.
110   unser bluome der muoz vallen
      so er aller grüenest wænet sîn.
      an hern Heinrîche wart wol schîn:
      der in dem hœhsten werde
      lebet ûf dirre erde,
115   derst der versmâhte vor gote.
      er viel von sînem gebote
</pre>

90 Sam div *E.* geschrift *A.*   **91** *Initiale B.* Siv *E,* Daz *B.* in *E.* stat *B*] stette *AE.*
94 diutet sich *E Gierach 536*] bedùtet sich *A,* bedevtet vns *B.*   **96** wænen *fehlt E.*
97 *Initiale A.*   **98** Stete vnde beste *B,* Div stetest vñ div beste *E.*   **99** Die aller
hôste *B.* mancraft *BE.*   **101** des *Grimm*] Das *ABE.*   **3** Wande siv *E.*   **4** iemitten
daz *Gierach 532f. Wolff 184*] En mitten do *A,* Ie immer do *E,* Vor vns do *B.* lieht
fehlt A. gebirt *E.*   **6** Sehet *E,* Wartet *B.*   **7** *E*] weinen *AB.*   **8** Vnser honec ist (ist
fehlt B^b) gemischet *EB.* vermischet *A.*   **9** Ist mit *B^b.* bitt^sen *E.* bitter galle
(: valle) *B^a.*   **10** der *A*] die *B, fehlt E.*   **11** So wir aller beste wenen sin *B (vgl. 96).*
gerneste *E.*   **12** Daz wirt an dem h^sren heinriche schin *B,* Dem herren heinrich wart
schin *E.*   **13** Swer in *E,* Do er in *B.* dem] siner *B.*   **14** lebet *E Haupt*] Lebete *AB.*
ûf *AB*] nach *E.*   **15–18** *fehlen B, aber 117/118 ersetzen 89/90 in B.*   **15** versmâhte
Wolff 185] versmehete *A,* vêheste *E,* smæhste *Gierach 527, 549.* nah *E.*

         ab sîner besten werdekeit
         in ein smæhlîchez leit:
         in ergreif diu miselsuht.
120   dô man die swæren gotes zuht
         ersach an sînem lîbe,
         manne unde wîbe
         wart er dô widerzæme.
         nû sehet wie genæme
125   er ê der werlte wære,
         er wart nû als unmære,
126a   ze heuwe wart sîn grüenez gras,
   b   der ê der werlte venre was,
         daz in niemen gerne sach;
         als ouch Jôbe geschach,
         dem edeln und dem rîchen,
130   der ouch vil jæmerlîchen
         dem miste wart ze teile
         *ie*mitten in sînem heile.
             Dô der arme Heinrich
         alrêst verstuont sich
135   daz er der werlte widerstuont,
         als alle sîne gelîchen tuont,
         dô schiet in sîn bitter leit
         von Jôbes geduldikeit.
         wan ez leit Jôb der guote
140   mit geduldigem muote,
         do ez im ze lîdenne geschach,

---

17 wirdikeit *E.*   18 *E (B zu 89/90) Gierach 311, 549*] versmeheliches *A.*
19/20 miselsvhte : gotes zvhte *E.*   19 Do begreif in die m. *B.*   20 die swere *AE,*
des waren *B.*   21 *E*] Gesach *A,* Sach *B.*   22 manne *BE*] Man *A.*   23 dô *fehlt B.*
24 Warta *B.*   wie *B*] wie vil *E,* wie gar *A.*   26 er *EB*] Vñ *A (vgl. Wolff 181f.).*   nû
A] ir *B, fehlt E.*   26a/b *E(B)] fehlen A (s. B zu 149–156), zur Echtheit von 126a/b
vgl. Mertens ZfdA 104 (1975) 293–306.*   26a wart im *B.*   26b venre (*B*)] vanre *E.*
27 Daz man in vil vngerne *B.*   Dc den nv *E.*   sach *EB*] ansach *A.*   28 ouch *fehlt E.*
yobe *B.*   30 ouch vil *AE*] also *B.*   31/32 *umgestellt in B:* In sinem besten heile /
Dem miste wart zv teile.   32 iemitten *Wolff*] In mitten *E,* Mitteln *A.*   33–38 *fehlen
B.*   33 *Initiale A.*   Dô *E*] Vnde do *A.*   34 alrêst *A (vgl. Iwein 7740)*] Aller erst *E,*
von êrste *Gierach 540.*   36 geliche *E.*   39 Daz leit yob *B.*   40 gedvldeclichem *B.*
41 Swaz (Dvz *Rosenfeld*) dem (*oder* im?) *E,* Waz im *B.*   zelidende *A.*

durch der sêle gemach   *Ende E*
den siechtuom und die swacheit
die er von der werlte leit;
145 des lobete er got und vreute sich.
do *entete* der arme Heinrich
leider *niender* alsô;
er was trûric und unvrô.
sîn swebendez herze daz *verswanc,*
150 sîn swimmendiu vreude ertranc,
sîn hôchvart muose vallen,
sîn honec wart ze gallen.
ein swinde vinster donerslac
zebrach im sînen mitten tac,
155 ein trüebez wolken unde dic
bedahte im sîner sunnen blic.
er sente sich vil sêre
daz er sô manige êre
hinder im müese lâzen.
160 vervluochet und verwâzen
wart vil dicke der tac
dâ sîn geburt ane lac.

43–68 *fehlen ohne Lücke in E.*   **43** *B*] siechtagen *A.*   smacheit *B.*   **44** Die yob von
den levten leit *B.*   Den *A.*   **46** en- *fehlt AB.*   **47** niender *Haupt*] niergent *AB.*
48 Wan er was *A,* Er wart *B.*   **49–56** *mit Umstellungen und Plusversen in B:*

   152   Sin honic wart zv gallen
   151   Sin blvme mvste vallen
  126a   Zv hev wart im sin grvnez gras
     b   Der e der werlde vre̦ vevre (fevre *B*ᵇ) was
   149   Sin swebende vrovde im ver sanc
   150   Sin swimmendez hˢze daz ertranc
   155   Ein trvbes wolken dicke
   156   be dackte siner svnnen blicke
   153   Ein swinde bitter donerslac
   154   Der brach im sinen mitten tac
  156a   Sin morgen sterne der erlasch
     b   Vngerne dvlte er daz

126a/b in E nach 126.   **49/50** *Lachmann (B)*] v̊swant : wart ertrant *A.*   **50** svin-
nende *A.*   **51** hoffart *A,* blvme *B (s. 110).*   **53** vinster] bitter *B.*   **57** Vñ schemte
sich *B.*   **58** groze *B.*   **61** dicke *B*] ofte *A.*

Ein wênic vreute er sich doch
von einem trôste dannoch;
165 wan im wart dicke geseit
daz diu selbe siecheit
wære vil mislich
und etelîchiu genislich.
des wart vil maniger slahte   *Beginn E*
170 sîn gedinge und sîn ahte.
er gedâhte daz er wære
vil lîhte genisbære,
und vuor alsô drâte
nâch der arzâte râte
175 gegen Munpasiliere.
dâ vant er vil schiere
niuwan den untrôst
daz er niemer würde erlôst.
daz hôrte er ungerne
180 und vuor *engegen* Salerne
und suochte ouch dâ durch genist
der wîsen arzâte list.
den besten meister den er dâ vant,
der sagete im *dâ* zehant
185 ein seltsæne mære,
daz er genislich wære
und wære doch iemer ungenesen.

63 *Initiale A.*   er *fehlt A.*   **65** Daz im dicke was g. *B.*   **66** die *B,* dise *A.*
68 etsliche *B.*   **69/70** *umgestellt in B:* Do wart sin mvt vñ sin acht/ Harte manicher
slacht. *E im direkten Anschluß an 141:* Sine (Dv dˢr *Rosenfeld*) betrahte/ Was (Des
Rosenfeld) vil manigˢ slahte.   **69** in vil *A.*   **71** Vñ dachte *B.*   **72** genisebere *E,*
genesebere *B.*   **73** Do vur er *B.*   getrate *A.*   **75** monpasiliere *E,* mvnbasilire *Bᵃ,*
mvntbaselire *Bᵇ.*   **76** vil *A*] also *BE.*   **77** *AE*] Leider niht wan *B.*   den *fehlt E.*
78 Vnde daz *A.*   **79** ungerne *E*] gar (vil *B*) vngerne *AB.*   **80** *Capitulumzeichen E.*
engegen *Gierach 538*] gegen *ABE.*   **81–85** *in B:*

      180a   Da hiez er vragen zehant
      183   Nach den besten meistern di mã vāt
      184/5   Der sait im da ein mere.

83 *Absatz Gierach.*   Dˢ beste den er da vant *E.*   den *fehlt A Bonath (zur Konstruk-*
tion von 183f. vgl. Gierach 305f.).   **84** dâ *Gierach 548*] sa *E Lachmann, fehlt A.*
85 Eine *AE.*   **86** Er were genesebere *B.*

dô sprach er: ›wie mac daz wesen?
diu rede ist harte unmügelich.
190 bin ich genislich, sô genise ich;
wan swaz mir vür wirt geleit
von guote ode von arbeit,
daz trûwe ich volbringen.‹
›nû lât den gedingen‹,
195 sprach der meister aber dô,
›iuwer sühte ist alsô:
– waz vrumet daz ich ez iu kunt tuo? –
dâ hœret arzenîe zuo,
der wæret ir genislîch.   *Beginn F*
200 nu enist aber nieman sô rîch
noch von so starken sinnen,
der si müge gewinnen.
des sît ir iemer ungenesen,
got enwelle der arzât wesen.‹   *Ende F*
205   Dô sprach der arme Heinrich:
›war umbe untrœstet ir mich?
jâ hân ich guotes wol die kraft;
ir enwellet iuwer meisterschaft

188–209 *gekürzt in B (203/4 nach 236):*
188   Meister wie mac daz gewesen
205   Sprach der arme heinrich
206   War vmbe vntrost ir mich
190   Bin ich geneslich
190   Sehet so genese ich
191   Mir enwirt niht vor geleit
192   An gvte noch (+ an *B^b*) arebeit
193   Ich entrewe iz wol vol bringē
193a An deheiner slachte dingen
208/9 Irn wolt denne ewer recht brechē.

189 diu rede ist *E* Lachmann *zu Iwein 6372*] Dv redest *A.*   **90** *vgl. Reinmar von Zweter (ed. Roethe) 87,5.*   **91** wan *E*] Vñ *A.*   **92** vñ *E.*   **93** getrvwe *E.* vollebr. *A,* wol br. *E.*   **94** den *E*] daz *A.*   **96** Vwerre *A,* Ivůre *E.*   so *E.*   **97** tůn *E.* **198–255** *fehlen in E die Zeilenenden.*   **199** der *F* Wackernagel] Des *A.*   **200** So *E* Blosen 154.   nieman *A(E)*] de keī kunīc *F.*   **2** D^s si mit vwote (wuote *Kunze ZfdA 108,33,* vruote? *Bonath Einl. S. XII)* muge g. *F.*   **3/4** in B s. zu 236, *vgl. Konrad von Würzburg,* ›Engelhard‹ *(ed. Gereke) 2289f. (Röll 198).*   **4** enwelle *E Gierach 539*] welle dan *A,* enwelle selbe *F.*   **5** *Initiale A, Capitulumzeichen E.*   **7** jâ Wackernagel] Ioch *AE (vgl. Wolff 184).*   **8** in B s. 188–209.   Irne wellēt dāne| *E(B).*

und iuwer reht brechen
210 und dar zuo versprechen
beide mîn silber und mîn golt,
ich mache iuch mir alsô holt
daz ir mich harte gerne nert.‹
›mir wære der wille unerwert‹,
215 sprach der meister aber dô,
›und wære der arzenîe alsô
daz man si veile vunde
ode daz man si kunde
mit deheinem liste erwerben,
220 ich enlieze iuch niht verderben.
nu enmac des leider niht sîn;
dâ von muoz iu diu helfe mîn
durch alle nôt sîn versaget.
ir müeset haben eine maget
225 diu vollen manbære
und des willen wære,
daz si den tôt durch iuch lite.
nu enist ez niht der liute site
daz ez ieman gerne tuo.
230 sone hœret ouch anders niht dar zuo
niuwan der maget herzebluot;
daz wære vür iuwer suht guot.‹

9 o͝ch br. *A.* **10** Vn̄ wolt an mir v. *B.* **11** beide *fehlt E.* **12** So mache ich ivch|
E. **13** nert *B*] ernert *A.* **14** vnrewert *A*, vnbewert *B.* **16** und *fehlt B.* *E*] die
arzenie *A*, der arzedie *B.* so *B.* **19** deheime liste *E*, dekeinen dingen *A*, ichte *B.*
21 Des mac leider nicht gesin *B.* daz leider *A*, des alles| *E.* **22/23** Des mvz evch
sin die helfe min/ Ane mine schvlde v̊sait *B.* **24–27** *vgl. 446–449.* **24** mu͝zent
AE, soldet *B.* **25** diu *AE*] *fehlt B.* manbere *E Wolff 179*, erbere *A*, vriebere *B.*
26 *E*] Vnde o͝ch des *A*, Die in dem *B.* **27–29** *vier Verse mit einem Dreireim in B^a,*
fünf Verse in B^b:

227 Daz si den tot gern lide
450 Daz man si zwischē irē brvstē snite
228 Nv ist iz niht der werlde site
228a (+ Da von si wir in iamers mite *B^b*)
229 Daz deheine daz dvrch evch tv

228a nur in B^b zur Beseitigung des Dreireims. **28** So *E.* **30** sone *E*] So *A*, Dane
B. ouch *AE*] *fehlt B.* dar *fehlt B.* **31** Wan der reinen meide h^szen blvt *B (vgl. 452*
und B zu 227–229), Nuwent der megede bluot *A*, Niwan d^s magede| *E.*

Nu erkande der arme Heinrich
daz daz wære unmügelich,
235 daz iemen den erwürbe
der gerne vür in stürbe.
alsus was im der trôst benomen
ûf den er dar was komen,
und dar nâch vür die selben vrist
240 sône hete er ze sîner genist
dehein gedingen mêre.
des wart sîn herzesêre
alsô kreftic unde grôz,
daz in des aller meist verdrôz,
245 ob er langer solde leben.
nû vuor er heim und begunde geben
sîn erbe und ouch sîn varnde guot,
als in dô sîn selbes muot
und wîser rât lêrte,
250 da erz aller beste kêrte.
er begunde bescheidenlîchen
sîne armen vriunt rîchen
und trôste ouch vremede armen,

33 *Initiale AB, Capitulumzeichen E.* 34 Dc ez were vnm| *E,* Daz were gar vnm. *B.*
36 *Danach in B (Dreireim 236a mit 235/6 am Spaltenende in Bᵃ, Bl. 250ʳᵇ, vgl. Ein-
leitung S. XXII):*
    236a   Vñ gar ver tvrbe
    204   Got der sol der arzet wesen
    203   Oder ich bin immer vngenesen.
37 wart im sin trost *B.* 38 Vf den er was da| *E,* Dar vmbe er dar was bekoñ *B.*
39–41 *in B:*
    239   Do en hatte er zv der selben vrist
    240   Zv sines libes genist
    241   Gegen in *(den arzât)* gedinges nicht mer.
39 Vñ ovch vur die s| *E.* selbe *A.* 40 Hat er *A,* So ne het er *E (s. B zu 239–241).*
41 gedingen *Wolff*] gedinge *AE.* 42 Ez (Nv *Rosenfeld*) wart sin bittˢ| *E,* Sin bitter
herze wart so ser *B.* 43 Vñ ovch sin iamer also groz *B.* vñ so g| *E.* 44 *AE*] der
zit vil gar *B.* 45 *A*] Ob er lange *E,* Daz er icht lenger *B.* 46 *A(E)*] Er vur heim vñ
begonde v̊geben *B.* 47 Allez sin varendez gvt *B.* ouch *fehlt E.* 48 als in dô *A*]
Dar nach alse in| *E,* Rechte alse in *B.* 49 *AE*] gelerte *B.* 50 So *B.* kêrte *B Wolff*
184] bekerte *A, abgeschnitten E.* *Nach 250 ein Plusvers in Bᵇ (Dreireim am
Spaltenende in Bᵇ, Bl. 257ʳᵇ):*
    250a   Vnd sin heil merte.
51 Er machte bescheidenliche (: riche) *B.* 53 *AE*] beriet *B.*

11

daz sich got erbarmen
255 geruochte über der sêle heil; *Ende E*
gotes hiusern viel daz ander teil.
alsus tet er sich abe
aller sîner *vordern* habe
unz an ein geriute;
260 dar vlôch er die liute.
disiu jæmerlîche geschiht
diu was sîn eines klage niht;
in klageten älliu diu lant
dâ er inne was erkant,
265 und ouch von *vremeden* landen
die in nâch sage erkanden.
der *ê* diz geriute
und der ez dannoch biute,
daz was ein vrîer bûman
270 der vil selten ie gewan
dehein grôz ungemach,
daz andern gebûren doch geschach
die wirs geherret wâren
und si *die* niht verbâren
275 beide mit stiure und mit bete.
swaz dirre gebûre gerne tete,
des dûhte sînen herren genuoc;
dar zuo er in übertruoc

54/55 got liez erbarmen / Genediclichen *B.*   **56** Den clostern gab er daz beste teil *B.*
Danach in B:
    256a Sinen libesten vrevnden ze hant
      b Den bevalch er bvrge vñ lāt
Bonath 207 für Echtheit.   **57** Alsus so *A.*   **58** Bescheidenliche sinre h. *A (vgl. 251)*
Bonath.   vordern *Gierach 555*] varnden *B.*   **59–66** *in B vier Verse:*
    260 Vñ vloch zv hant die levte
    259 Verre vf ein wilde gerevte
    260a Do er sich von den levten zoch (gezoch *B*[b])
      b Vñ verre in einen walt gevloch (vloch *B*[b]).
61 Dise *A.*   **65** vremeden *Haupt*] den *A Mettke 156.*   **67** *Absatz Lachmann.* ê *Lach-*
mann] *fehlt AB.* diz *A*] daz selbe *B.*   **68** In dem wilden walde bvwete (gerevte :) *B.*
71 Ie dehein vng. *B.*   **72** doch *fehlt B.*   **74** und si die *Lachmann bei Haupt*] Vñ
sỳ do *A,* So si des *B.*   **75** Si geben schoz vñ ovch die bete *B.*   **76** bovman *B.*
77 Daz nam sin h[s]re vor gvt *B.* sinem *A.*   **78** Wan er in allez vber trûc *B.*

daz er deheine arbeit
280 von vremedem gewalte leit.
des enwas deheiner sîn gelîch
in dem lande alsô rîch.
ze dem *gebûren* zôch sich
sîn herre, der arme Heinrich.
285 swaz er im hete *ê* gespart,
wie wol daz nû gedienet wart
und wie schône er sîn genôz!
wan in vil lützel des verdrôz
swaz im geschach durch in.
290 er hete die triuwe und ouch den sin
daz er vil willeclîchen leit
den kumber und die arbeit
diu im ze lîdenne geschach.
er schuof ime rîch gemach.
295 Got hete dem meier gegeben
nâch sîner ahte ein reinez leben.
er hete ein wol erbeiten lîp
und ein wol werbendez wîp,
dar zuo hete er schœniu kint,
300 diu gar des mannes vreude sint,
unde hete, sô man saget,
under den eine maget,
ein kint von ahte jâren.
daz kunde gebâren
305 sô rehte güetlîchen.

80 frômden *A.* nie geleit *B.* **81–84** *in B:*
282 Des en waz in den richen
281 Vnder allen sinen gelichen
282 Dehein bovman also rich
282/4 Zv dem zoch sich der arme heîrich.
81 des enwas *(B)*] Des *A,* was *fehlt A.* **83** gebûren *Gierach 517, 565*] *fehlt A*
Mettke 156. **85** *Initiale B.* in *A (vgl. Gierach 516).* hete ê g. *Wackernagel*] hette
g. *A,* vor hatte v̊spart *B.* **86** im daz v̊golden *B.* **87–94** *fehlen B.* **89** *Haupt*] im zů
lidende *A,* im ze tuonne *Wolff.* **91** *Wackernagel*] gewillecliche *A.* **93** zelidende *A.*
95 *Initiale A.* den *A.* **96** In allen wis *B.* **97** wol einen *B.* erbeiteten *A.*
301/302 Vnder den zoch er eine mait / als vns ditz bvch hat gesait *B.* **2** den kinden *A.*
3 Wol von zwelf iaren *B,* ein chind pey zwelef jaren *Hawich der Kellner,* ›Stephans-
leben‹ *(ed. McClean)* 4502 *(Röll 197).* **4** Si *B.* *Gierach 328, 554 Anm. 1*] so
gebaren *A,* wol gebaren *B.*

diu *en*wolde nie entwîchen
von ir herren einen vuoz.
umbe sîn hulde und sînen gruoz
diente si im alle wege
310 mit ir güetlîchen phlege.
si was ouch sô genæme
daz si wol gezæme
ze kinde dem rîche
an ir wætlîche.
315   Die andern hâten den sin
daz si ze rehter mâze in
wol gemîden kunden;
sô vlôch si zallen stunden
zim und *niender* anderswar.
320 si was sîn kurzwîle gar.
si hete ir gemüete
mit reiner kindes güete
an ir herren gewant,
daz man si zallen zîten vant
325 under sînem vuoze.
mit süezer unmuoze
wonte si ir herren bî.
dar zuo liebete er ouch sî
swâ mite er mohte
330 und daz der maget tohte
zuo ir kintlîchen spil,
des gap ir der herre vil.
ouch half in sêre daz diu kint
sô lîhte ze *w*enenne sint.

6 Si wolde nie niht wichen *B.* en- *fehlt A.*   **9** So diente sv̀ *A.*   **11–14** *in B nach 320.*   **11** Vñ waz *B.*   **12** zeme *B.*   **13** einem r. *B.*   **14** *Wackernagel]* An ir werliche *A,* Mit schoner wetliche (*über dem* t *steht* r *B^b*) *B.*   **15** *Initiale A.* gesin *B^a.*   **16** si *fehlt A.*   **17** Gemiden wol *A.*   **18** Do *A.*   **19** niender *Haupt]* niergent *AB.*   **20** kurze wile *AB. Nach 320 folgen 311–314 in B.*   **21** *Gierach 554]* Sv̀ hatte gar ir *A,* So hatte si ir *B.*   **23** iren sichen h. *B.*   **24/25** selten iender v./ wan *Bech Mettke 155 (B).*   **24** zv̊ allen ziten *A,* selten irgen *B.*   **25** Vnder irs herren fů̈ze *A,* Dan zv sinen vuzen (: vnmvzen) *B.*   **26/27** Sus wonte die sů̈ze/ Irme herren ze allen ziten (*s. 324*) bi *A.*   **28** so liebet *A.* ouch *fehlt B.*   **29** er *Gierach 549]* er ŏch *A,* so er *B.*   **30** Daz der meide tochte *B,* Vñ daz kinden wol dohte *A.*   **32** gewan *B.* der herre ir *A,* er ir *B.*   **33/34** *fehlen B, vgl. Iwein 3321f.*   **34** *Gierach 541, 549]* gewenende *A.*

335 er gewan ir swaz er veile vant,
spiegel unde hârbant
und swaz kinden liep solde sîn,
gürtel unde vingerlîn.
mit dienste brâhte er *si* ûf die vart,
340 daz si im alsô heimlich wart
daz er si sîn gemahel hiez.
diu guote maget in liez
belîben selten eine,
er dûhte si vil reine.
345 swie starke ir daz geriete
diu kindische miete,
iedoch geliebete irz aller meist
von gotes gebe ein süezer geist.
  Ir dienest was sô güetlich.
350 dô der arme Heinrich
driu jâr dâ entwelte
und i*m* got gequelte
mit grôzem sêre den lîp,
nû saz der meier und sîn wîp
355 und ir tohter, diu maget
von der ich iu hân gesaget,
bî im in ir unmüezikeit
und weinden ir herren leit.
d*er* klage *gienc* in michel nôt,

35 Er kovfte ir was man veiles vant *B.* waz *A.* **36** Gvrtel *B.* **37/38** Spigel vñ v./ Daz kinden liep s. s. *B.* **39/40** Mit dinste brachte si iz an die vart/ Daz er ir also holt wart *B Willson MLR 74 (1979) 335–340.* **39** er si] ers *Wackernagel,* erz *A,* si iz *B.* an die v. *B.* **41** si niht wan gemale *B.* **42/43** O we wie selden in do liez/ Die gvte mait alleine *B.* **45/46** Swie sere aber iz ir (im *B^b*) riete/ Dise kintliche miete *B.* gerieter : mieter *A.* **47** So qvam ir doch aller meist *B.* **48** gabe *B.* **49** *Absatz Grimm.* wart also *B.* **50** dô *B*] Do do *A.* **51** do getwelte *A,* daz entwelte *B.* **52** Got vil sere qvelte *B.* im *Haupt*] in *A.* **53** Mit grozen seren sinen lip *B.* sêre] iamer *A.* **54** Eines tages *B.* **56** Alse vns diz bvch hat gesait *B.* ich vch e *A.* **57** Da bi (+ e *B^b*) an einer mvzecheit *B.* **58** Vnde begunde clagen *A.* **59** *Gierach 533ff. (vgl. V. 997)*] Die kl. tet in m. not *A.* **59–64** *in B:*
359 Daz claiten si daz tet in not
360 Si vorchten daz ires h^sren tot
361 Sere begonde si letzen
362 Vñ ovch vil lihte entsetzen
363 Von allem irem gvte
364 Vñ daz ovch von herteren mvte.

15

360 wan si vorhten daz sîn tôt
    si sêre solde letzen
    und vil gar entsetzen
    êren unde guotes,
    und daz herters muotes
365 würde ein ander herre.
    si gedâhten alsô verre
    unz der selbe bûman
    alsus vrâgen began.
    Er sprach: ›lieber herre mîn,
370 möhtez mit iuwern hulden sîn,
    ich vrâgete vil gerne:
    sô vil zuo Salerne
    von arzenîen meister ist,
    wie kumet daz ir deheines list
375 ziuwerm ungesunde
    niht gerâten kunde?
    herre, des wundert mich.‹
    dô holte der arme Heinrich
    tiefen sûf*t* von herzen;
380 mit bitterlîchem smerzen,
    mit selher riuwe er dô sprach,
    daz im der sûf*t* daz wort zebrach:
    ›ich hân *den* schämelîchen spot
    vil wol gedienet umbe got.
385 wan dû sæhe wol hie vor

---

66 Si claiten also s e r e *B.* **67** unz *Wackernagel*] Bitze daz *A,* Daz *B.* der *B*] dirre
A. **68** Sinen herren *B.* **69** *Initiale A.* vil liber *B.* **71** So vragte ich evch *B.*
72 So vil so *B.* **73** arzedie *B.* **74** Daz evh ir d. l. *B.* **75** gesvnde *B.* **76** Nie
niht gehelfen k. *B.* **77** Lieber herre *B.* **79** *Haupt*] Tieffen sùfzen *A,* Einen t.
svnfz (svftz *B*^{b}) *B.* **80–84** *in B:*

    380   Den iemerlichen smerzen
    380a Den wiste er mit den ovgen
      b   Er sprach vrevnt daz ist ane lovgē
    383   Daz ich disen schentlichen (smehelichen *B*^{b}) spot
    384   Habe ver dienet vmbe got

380–380b s. zu 476 und vgl. ›Gregorius‹ 432–434. **82** *Haupt*] sùfze *A.* **83** den
Gierach 526] disen *A(B).* **85–89** *in B:* Dv weist wol daz hie bevor/ Stvnt vil offen
min tor/ Mit mancher hande wunne/ Ezn hatte vnder minem kvnne/ Sinen willen
nieman baz dan ich.

16

daz hôch offen stuont mîn tor
nâch werltlîcher wünne
und daz niemen in sînem künne
sînen willen baz hete dan ich;
390   und was daz *joch* unmügelich,
wan ich *in* hete mit *vollen* gar.
dô nam ich sîn vil kleine war
der mir daz selbe wunschleben
von sînen gnâden hete gegeben.
395   Daz herze mir dô alsô stuont,
als alle werlttôren tuont
den daz rætet ir muot,
daz si êre unde guot
âne got mügen hân.
400   sus trouc ouch mich mîn tumber wân,
wan ich in lützel ane sach
von des gnâden mir geschach
vil êren unde guotes.
dô des hôc*hm*uotes
405   den hôhen portenære verdrôz,
die sælden porte er mir beslôz.
dane kum ich leider niemer in;
daz verworhte mir mîn tumber sin.
got hât durch râche an mich geleit
410   ein sus gewante siecheit
die nieman mac erlœsen.
nu versmâhe ich den bœsen,
die biderben ruochent mîn niht.

---

90 Daz waz *B*. joch *Wolff*] ouch *Gierach 550,* doch *A,* harte *B*.   **91** *Wolff*] Wan ich
enhete nùt vil gar *A,* Minen willen hat ich mit v̂wē (= vrowen, vrowē *B^b*) gar *B,* wan
ich enhâte in niht wan gar *Gierach 320f.,* wan ich in hete mit vrevil gar *de Boor PBB
84 (Tübingen 1962) 474 und Mettke 156,* wan ich in hâte, und doch niht gar *Neu-
mann PBB 85 (Tübingen 1963) 315.*   **92** Io *B^a,* Ia *B^b.*   sîn] des *B*.   **93** ditz
wnschliches leben *B*.   **95** *Initiale A*.   Do mir min hof als offen stvnt *B*.   **96** Alse
aller werlde toren tvnt *B*.   **97** da retet *B,* daz saget *A*.   ir tv̄mer mvt *B*.   **99** Wider
got wollen han *B*.   **400** Also betrovc mich *B*.   **1–4** *fehlen B*.   **4** Do do des hohen
mûtes *A*.   hôchmuotes *Wolff*.   **5** Do des den hohen got ver droz *B*.   bedros *A*.
6 Der selden pforten *B*.   **7** *B^a*] Donen kvm *B^b,* Do kum *A*.   in *A*] hin *B*.   **8** verlos *B*.
9 Nv hat got rache *B*.   **10** Die smelichen s. *B*.   **11** von mir mag erl. *A*.   **12** Nv
versmahent mich die b. *A*.   **13** Die vrumen gern m. n. *B*.   rûchen *A*.

swie bœse er ist der mich gesiht,

415 des bœser muoz ich dannoch sîn.

sîn unwert tuot er mir schîn:

er wirfet diu ougen abe mir.

nû schînet alrêst an dir

dîne triuwe die dû hâst,

420 daz dû mich siechen bî dir lâst

und von mir *niene* vliuhest.

swie dû mich niht enschiuhest,

swie ich niemen liep sî *wan* dir,

swie vil dîns heiles stê an mir,

425 du vertrüegest doch wol mînen tôt.

nû wes unwert und wes nôt

wart ie zer werlte merre?

hie vor was ich dîn herre

und bin dîn dürftige nû.

430 mîn lieber vriunt, nû kôufestû

und mîn gemahel und dîn wîp

an mir den êwigen lîp

daz dû mich siechen bî dir lâst.

des dû mich gevrâget hâst,

435 daz sage ich dir vil gerne.

ich enkunde zuo Salerne

deheinen meister vinden

der sich mîn underwinden

getörste ode wolde.

440 wan dâ mite ich solde

14 Wie kranc er *B.*   **16–18** *kontrahiert B:* Alrest nv lesestu werden schin.
18 alrêst *(B)*] erst *A.*   **19** Die grozen trevwe *B.*   **20** hast *B^b.*   **21–25** *in B:*

    421   Wie wenic dv mich vlevhest
    422   Wie lvtzel dv mich schevhest
    423   Wie gerne daz ich si bi dir
    424   Wie vil dines dinges stet an mir
    425   So vber sechstv doch wol minen tot.

21 *Gierach 545ff.*] nùt enflùhest *A.*   **23** Vñ swie *A.* wan *Gierach 541*] dan *A.*
24 vil *(B)*] *fehlt A.*   **26** Wes vnwerde *B.*   **27** Wart zvr (zv der *B^b*) werlde grozer
me re *B.*   **29** Din dvrftige so bin ich nv *B.*   **30** Vil liber *B.*   **31** *das erste* und
fehlt B.   **33** mir *B^b.*   **36** *B*] Ich kam *A.*   **37** *Lachmann*] Einen meister nirgen v. *B,*
Do kunde ich kein meister v. *A.*   **39** Torste *B.*   **40** Mit der genist der ich solde *B.*

mîner sühte genesen,
daz müese ein selhiu sache wesen
die in der werlte nieman
mit nihte gewinnen kan.
445 Mir wart anders niht gesaget,
wan daz ich müese hân ein maget
diu vollen manbære
und des willen wære,
daz si den tôt durch mich lite
450 und man si zem herzen snite,
und mir wære niht anders guot
wan von ir herzen daz bluot.
nû ist genuoc unmügelich
daz ir deheiniu durch mich
455 gerne lîde den tôt.
des muoz ich schäntlîche nôt
tragen unz an mîn ende.
daz mirz got schiere sende!‹
Daz er dem vater hete gesaget,
460 daz erhôrte diu reine maget;
wan ez hete diu vil süeze
ir lieben herren vüeze
stânde in ir schôzen.
man möhte wol genôzen
465 ir kintlich gemüete
hin zuo der engel güete.
sîner rede nam si war
unde marhte si gar,

41 An miner svche g. *B.* **42** mûste *A,* mvz *B.* **43/44** Daz sie ind^s werlde dehein
man/ Mit keiner habe er werben kan *B.* **45** *Initiale A.* niht anders do gesaget *A.*
46–49 *vgl. 224–227.* **46** Ich solde haben eine mait (gesait :) *B.* **47/48** Die in dem
willen were/ Daz si niht verbere *B.* **47** volle *A.* **48** Vñ ouch *A.* **49** durch mich
A] gerne *B.* **50** Daz man si zwischen iren brvsten snite *B.* **51/52** *fehlen B.*
53 Nv were daz vnm. *B.* **54** ir *A*] immer *B.* **56** dise schemeliche not *B.* **57** biz
B. **58** mir *B.* gesende *B.* **59** *Initiale nur in B^a.* dem vater *A*] sime mayer *B.*
60 Daz hort ir (die *korrigiert durch übergesetztes* ir *B^b*) tochter die mait *B.* Das er
horte ǒch *A (ouch streicht Gierach 549).* **61** Do hatte *B.* **62** lieben *A*] sichen *B.*
63 Sten vf irme schoze *B.* **64–66** Waz mochte sich genoze (-en *B^b*)/ Zv irem
kintlichem gemv̊te/ Wen aller engel gv̊te *B.* **67/68** Dise rede merkete sie gar/ Vñ
nam ir in irem herzen war *B.* **68** sv̀ ǒch gar *A (ouch streicht Gierach 549).*

si enkam von ir herzen nie
470 *unz* si des nahtes slâfen gie
zir vater vüezen, da si lac,
und ouch ir muoter, sô si phlac.
dô si beide entsliefen,
manigen sûf*t* tiefen
475 holte si von herzen.
umbe ir herren smerzen
wart ir riuwe alsô grôz
daz ir ougen regen begôz
der slâfenden vüeze.
480 sus erwahte *si* diu süeze.
Dô si der trähene emphunden,
si erwacheten und begunden
si vrâgen waz ir wære
und welher hande swære
485 si alsô stille möhte klagen.
nu enwolde sis in niht *ge*sagen.
dô ir vater aber tete
vil manige drô unde bete
daz siz in müese sagen,
490 si sprach: ›ir möhtet mit mir klagen.
waz *mac* uns mê gewerren

---

69 Daz sie iz vz irem h. nie gelie *B.*　　**70** unz *Wackernagel*] Bitze *AB.*　　si] man *A.*
71 *B*] Do sv̀ zů irs vatt^s fůzen lag *A.*　　**72** Vñ zv irre mvter alse sie pflac *B.*　　**73** Vnde
sv̀ *A.*　　sliefen *B.*　　**74** sûft *Haupt*] sùfzen *A,* svnfz *B^a,* svftz *B^b.*　　**76–80** *in B:*
476　　Den iemerlichen smerzen
476a　Wiste sie mit den ovgen
　　b　Daz waz ane lovgen
477　　Ir iamer daz wart also groz
478　　Daz ir der ovgen regen vloz
479　　Vf der slafenden vuzen
480　　Do er wachten die svzen
B 476–476b s. zu 380–384.　　**79** vüeze] sùfze *A.*　　**80** erwachete *A.*　　si *Grimm*] *fehlt*
AB.　　**81** *Initiale A.*　　entstvnden *B.*　　**82/83** Vragen si (si sie *B^b*) beg./ Waz ir
geschehen were *B.*　　**84** Oder *B.*　　**85** tovge (-n *B^b*) clagete *B.*　　**86** Owe wie
vngerne si iz sagete *B.*　　gesagen *Gierach*] sagen *A.*　　**87/88** Wan daz ir der v. tet/
Beide mit trewe vñ mit bet *B.*　　**87** dô *Gierach 551*] Vñ do *A.*　　**89** Daz si iz in
mvste s. *B,* Daz sv̀ es eime wolte s. *A.*　　**90** mit mir leitclagen *A,* wol mit mir cl. *B.*
91 mac *Gierach 542*] mŏht *A,* kan *B.*　　gewerren mere *B.*

danne *an* unserm herren,
daz wir den suln verliesen
und mit im verkiesen
495 beide guot und êre?
wirn gewinnen niemer mêre
deheinen herren alsô guot
der uns tuo daz er uns tuot.‹
    Si sprâchen: ›tohter, dû hâst wâr.
500 nu envrumet uns niht umbe ein hâr
unser riuwe und diu klage.
liebez kint, dâ von gedage!
ez ist uns alsô leit sô dir.
leider, nû enmuge wir
505 im ze deheinen staten komen.
got der hât in uns benomen.
hetez iemen anders getân,
der müese unsern vluoch hân.‹
alsus gesweicten si si dô.
510 die naht beleip si unvrô
und morgen allen den tac.
swes iemen anders phlac,
diz enkam von ir herzen nie,
unz si des andern nahtes gie
515 slâfen nâch gewonheit.
dô si sich hâte geleit
an ir alte bettestat,
si bereite aber ein bat
mit weinenden ougen;
520 wan si truoc tougen
nâhen in ir gemüete

92 *Gierach 528*] Den (Wen *B*) vmbe vnsern h. *AB*.   **93/94** Svl wir den verkisen/
Vñ ouch mit im verlisen *B*.   **94** im *(B)*] eime *A*.   **96** Io gewinne wir *B*, Wùr
gewinnent *A*.   **99** *Initiale A*.   **500** Nv frvmet vns leider niht ein har *A*, Nv en ist
vns niht als vmb ein har *B*.   **1** Vnser weinen vñ vnser clage *B*.   **3** vns alse leit alse
dir *B^a*, vns leit als dir *B^b*.   **4** enkvnne *B*.   **5** zv staten niht *B*.   **7** Vñ hette es *A*.
anders ieman *B*.   **8** mvste *B*.   **9** Da mite wart si gesweiget do *B*.   **11** Biz anden
andern tack *B*.   **12** Swez aber ieman phlack *B*. Swas *A*.   **13** So (Do *B^b*) qvam iz
ir vz dem h^szen nie *B*.   **14/15** Biz daz si aber slafen gie/ Des nahtes nach g. *B*.
14 unz *Wackernagel*] Bitze *AB*. si] man *A*.   **16/17** *fehlen B*.   **18** Si hatte ir aber
ein bat bereit *B*.   **20** Si trvc also t. *B*.   **21** Nehest irme g. *B*. Nahe *A*.

die aller meisten güete
die ich von kinde ie vernam.
welh kint getete ouch ie alsam?
525 des einen si sich gar *be*wac,
gelebete si morgen den tac,
daz si benamen ir leben
umbe ir herren wolde geben.

Von dem gedanke wart si dô
530 vil ringes muotes unde vrô
und *en*hete deheine sorge mê,
wan ein vorhte diu tet ir wê:
sô siz ir herren sagete,
daz er dar an verzagete,
535 und swenne siz in allen drin
getæte kunt, daz si an in
der gehenge niht envunde
daz mans ir iht gunde.
des wart sô grôz ir ungehabe
540 daz ir muoter dar abe
und ir vater wart erwaht
als ouch an der vordern naht.
si rihten sich ûf zuo ir
und sprâchen: ›sich, waz wirret dir?
545 dû bist vil alwære,
daz dû di*ch* sô manige swære

---

22 alre meiste *A*, albersten *B*.   **23** Die ie dehein man ie v̂nam *B*.   **24** Wa getet ie k.
alsam *B*.   **25** Wan si sich *B*.   bewac *Haupt*] verwag *A*, des erwack *B*.   **26** morne
den t. *A*, den anderen t. *B*.   **27** benamen *A*, sanzvhant *B^a*, sazehant *B^b*.   **28** Vor *B*.
29 *Initiale AB*.   den *A*.   gedinge *B*.   **30** vil *fehlt B*.   unde vrô *B*] vnfro *A*.
31 enhete *Wolff*] hette *AB*.   swere *B*.   **32** clage *B*.   **33–36** *mit zwei Plusversen
in B:*

532a Iz waz ir grozste sorge (sorgen *B^b*)
   b Wan siz an dem morgen
533 Irme herren sagete
534 Si vorchte daz er v̂zagete
535 So si iz in allen tete kvnt
536 Daz si an der selben stvnt.

37 gehenge *A Bonath*] state *B Wolff*.   **38/39** Des wart an der stvnde/ Also groz ir
vng. *B*.   **40** *B Lachmann*] vatter *A*.   **41** *B Lachmann*] mûter *A*.   **42** ouch *fehlt B*.
44 Si *B*.   **46** dich *Wackernagel*] dir *B, fehlt A*.   mancher *B*.

von selher klage hâst an genomen
der nieman mac zeim ende komen.
wan lâstû uns slâfen?‹
550 sus begunden si si strâfen:
waz ir diu klage töhte,
die nieman doch enmöhte
erwenden noch gebüezen?
sus wânden si die süezen
555 gesweigen anderstunt.
dô was ir wille in unkunt.
sus antwurte in diu maget:
›als uns mîn herre hât gesaget,
sô mac man in vil wol ernern.
560 zewâre, ir enwelt mirz danne wern,
so bin ich zer arzenîe guot.
ich bin ein maget und hân den muot,
ê ich in sehe verderben,
ich wil ê vür in sterben.‹
565   Von dirre rede wurden dô
trûric und unvrô
beide muoter unde vater.
sîne tohter die bater
daz si die rede lieze
570 und ir herren gehieze
daz si geleisten möhte,
wan ir diz *niene* töhte.
›tohter, dû bist ein kint
und dîne triuwe die sint
575 ze grôz an disen dingen.

47 In din clage hast gen. *B.*   **48** zeim *Wackernagel*] zem *A*, zv *B.*   **49** *Gierach 536*] Warumbe lastv (lezestv *B*) vns niht slaffen *AB.*   **50** si die mait *B.*   **51** rede *B.*
52 doch *fehlt B.*   **53** erwenden *B*] Verenden *A.*   **55** gesweigen *A*] Haben gesweiget *B Gierach 555.*   anderstunt *Gierach 536, 545*] an der selben (*fehlt B*) stunt *AB.*
56 Ir wille was *B.*   vil unkunt *AB.*   **57** Des antworte in die schone mait (gesait :) *B.*
59 Den trawe ich harte wol e. *B.*   **60** Irn wollet *B.*   **61/62** *umgestellt in B:* Ich bin ein mait vñ han den mvt/ Zv siner arzedie bin ich gvt.   **61** zer *Gierach 566*] ze der *Wackernagel*, zů sinre *A(B).*   **63** sehe *Wackernagel*] sihe *A*, lize *B.*   **64** wolde *B.*
65 *Initiale A.*   Von dem gedanken *B.*   reden wurden sv̀ do *A.*   **66** *Wackernagel*] Trurig beide *A*, Beide trvric *B.*   **67** Ir mvter vñ ir v. *B.*   **70** daz gehieze *B.*
72 *Gierach 545ff.*] niht endochte *AB.*   **73** *Wackernagel*] Er sprach dohter *AB.*
74 Die rewe dine *B.*

du enmaht es niht *b*ringen
als dû uns hie hâst verjehen.
du *en*hâst des tôdes niht gesehen.
swennez dir kumet ûf die vrist
580 daz des dehein rât ist,
du enmüezest ersterben,
und möhtestu *daz* erwerben,
dû lebetest gerner dannoch;
wan du enkæme nie in leider loch.
585 tuo zuo dînen munt!
und wirstû vür dise stunt
der rede iemer mêre lût,
ez gât dir ûf dîne hût.‹
alsus wânde er si dô
590 beide mit bete und mit drô
gesweigen; dô enmohter.
sus antwurte im sîn tohter:
    ›Vater mîn, swie tump ich sî,
mir wonet iedoch diu witze bî
595 daz ich von sage wol die nôt
erkenne, daz des lîbes tôt
ist starc unde strenge.
swer *joch* danne die lenge
mit arbeiten leben sol,
600 dem ist ouch niht ze wol;
wan swenne er hie geringet

---

76 Dv en mahtes nùt fùr br. *A,* Dvne macht sin niht vol br. *B.*   es niht br. *Bonath*] si niht br. *Gierach 536f.,* ez niht br. *Bonath im App.*   **77/78** *in B:*
Der tot en ist so senfte niht
Als dir din tvmmer wan v̊giht.
78 en- *fehlt A.*   **79** dir *fehlt B.*   an die vr. *B.*   **80** Daz sin niht lenger *B.*
81 sterben *A.*   **82** und *fehlt B.*   daz *Gierach 565 (Lachmann)*] denne *AB.*   **83** Daz dv lebetes dennoch *B.*   **84** Dv qveme *B.*   in nie leider loch *A,* nie in leit noch *B.*
85 *B Wolff*] Da von tů *A.*   **86/87** Daz dv sin nach dirre stvnt/ Nimmer mere werdest lvt *B.*   **88** Oder iz *B.*   **89** Alsus so *A,* Hie *B.*   **90** Bede *A.*   **91** Gesweiget han donen mocht er *B.*   **92** Des antworte im die t. *B.*   **93** *Initiale A.* Si sprach vater wie *B.*   **94** So wont mir doch *B.*   **95** Daz ir mir sait von dirre not *B.*   **96** Ich weiz wol daz *B.*   **98** joch *Gierach 283, 537*] o̊ch *A,* aber *B.*   **99** Mit vngemache *B.*
600 iedoch niht so wol *A.*   **1** Swer so dar niht ringet *B.*

24

und ûf sîn alter bringet
den lîp mit micheler nôt,
sô muoz er lîden doch den tôt.
605 ist im diu sêle danne verlorn,
sô wære er bezzer ungeborn.
ez ist mir komen ûf daz zil,
des ich got iemer loben wil,
daz ich den jungen lîp mac geben
610 umbe daz êwige leben.
    Nu ensult ir mirz niht leiden.
ich wil mir und iu beiden
vil harte wol mite varn.
ich mac *uns* eine wol bewarn
615 vor schaden und vor leide,
als ich iu nû bescheide.
wir hân êre unde guot;
daz meinet mînes herren muot,
wan er uns leit nie gesprach
620 und ouch daz guot nie abe gebrach.
die wîle daz er leben sol,
sô stât unser sache wol;
und lâze wir den ersterben,
sô müeze wir verderben.
625 den wil ich uns vristen
mit alsô schœnen listen
dâ mite wir alle sîn genesen.
nû gunnet mirs, wan ez muoz wesen.‹
    Diu muoter weinende sprach,
630 dô si der tohter ernest ersach:

2 Daz er vf den alter br. *B.*   4 er doch ligen tot *B.*   5 Vñ hat er dan die sele v. *B.*
6 *Danach in B:*
    606a Daz trawe ich eine wol bewarn
      b Vñ als tvme baz gevarn
606a vgl. mit 614.   **6** er A] im *B.*   **7** vf ein zil *B.*   **8** Daz ich sin got loben wil *B.*
9 den kvrzen lip mac gegebē *B.*   **11** *Initiale A.* Daz ensvlt ir mir niht l. *B.* en-
fehlt A.   **13** uil *fehlt B.* do mitte *A.*   **14** *Gierach 551]* Ich mag vch eine *A,* Ich
traw iz eine *B* (*s. zu 606*).   **16** nû *fehlt B.*   **17** Ir hant *A.*   **18** herren] hˢzen *B.*
19 vch *A.* nie leit *B.*   **20** ouch] vns *B.* *AB*ᵇ] niht abe brach *B*ᵃ.   **21** daz er] er vns
B.   **22** vwer *A.*   **23** Liez wir in (vns *B*ᵇ) er sterben *B.* sterben *A.*   **24** mvste *B.*
26 gvten *B.*   **27** sint *A.*   **29** *Initiale A.*   **30** des kindes ernst *B.* sach *B Gierach.*

›gedenke, tohter, liebez kint,
wie grôz die arbeite sint
die ich durch dich erliten hân,
und lâ mich bezzern lôn emphân
635 dan ich dich hœre sprechen.
dû wilt mîn herze brechen.
senfte mir der rede ein teil.
jâ wiltû allez dîn heil
an uns verwürken wider got.
640 wan gedenkestû an sîn gebot?
jâ gebôt er unde bater
daz man muoter unde vater
minne und êre biete,
und geheizet daz ze miete   *Beginn C 1ʳ (1ᵃ)*
645 daz der sêle genist werde
und lanclîp ûf der erde.
dû gihst, dû wellest dîn leben
durch unser beider vreude geben;
dû wilt iedoch uns beiden
650 daz leben vaste leiden.
daz dîn vater unde ich
gerne leben, daz ist durch dich.
652a waz solde uns lîp unde guot,
   b waz solde uns werltlîcher muot,
   c swenne wir dîn enbæren?
   d dune solt uns niht *bes*wæren.   *Ende C 1ʳ*
jâ soltû, liebe tohter mîn,
unser beider vreude sîn,

---

31 Gedenket *Bᵇ*.   **34** Laz mich ein bezzer lon enpfan *B*.   **36** mir min *A*.   **38** jâ
wiltû *Wackernagel*] Ioch wiltv *A*, Dv wilt *B*.   **39** An mir v. hin zv got *B*.   **40** wan
fehlt B.   **41** jâ *Bᵇ*] Io *Bᵃ*, Ioch *A*.   er *fehlt B*.   **43** Ere (Ern *Bᵇ*) svlle erbiete
(erbieten : mieten *Bᵇ*) *B*.   **44/45** *In C nur unterer Teil des Schriftbandes teilweise
erhalten*.   **44** |zet dc ze miete *C*.   **45** Daz iz *B*.   genist *B(C) Gierach 258*] rat *A*
Bonath. *In C nur* werdᵉ *noch lesbar, davor nach Gierach 257f. Raum für* dc dˢ sele
genist.   **46** lanc lip *C*, ein lanch leben *B*, lange leben *A*.   **47** gihst *B*] iehest *C*,
sprichest *A*.   **48** *C*] Vmbe *AB*.   *C*] beide *A*, zweier *B*.   **49** *C*] Dv wilt zwar *A*, Do
mite wilt tv *B*.   **50** sere *B*.   **51** Wan dz *A*.   ŏch ich *A*.   **52** lebent *A*.   **52a–d** *C*,
fehlen AB.   **52a** scholte *C (so immer)*.   **52b** werltlich *C*.   **52d** beswæren
Gierach 268] swæ| *C*.   **53** jâ soltû *Wackernagel*] Ioch soltv *A*, Dv solt *B*.

26

654a unser liebe âne leide,
   b unser lieht*iu* ougenweide,
655 unsers lîbes wünne,
    ein bluome in dînem künne,
    unsers alters ein stap.
    und lâzestû uns über dîn grap
    gestân von dînen schulden,
660 dû muost von gotes hulden
    iemer sîn gescheiden;
    daz koufest an uns beiden.
662a wiltû uns, tohter, wesen guot,   *Beginn C 1^r (2^a)*
   b sô soltû rede und den muot   *Ende C 1^r*
   c durch unsers herren hulde lân,
   d diu ich von dir vernomen hân.‹
    ›Muoter, ich getrûwe dir
    und mînem vater her ze mir
665 aller der genâden wol
    der vater unde muoter sol
    leisten ir kinde,
    als ich ez wol bevinde
    an iu aller tägelich.
670 von iuwern gnâden hân ich
    die sêle und einen schœnen lîp.   *Beginn C 1^v (1^b)*
    mich lobet man unde wîp,
    alle die mich sehende sint,
    ich sî daz schœneste kint
675 daz si zir lebene haben gesehen.
    wem solde ich der genâden jehen
    niuwan iu zwein nâch gote?

54a/b *B, fehlen A, für C erschlossen Gierach 267.* **54b** *Gierach 267*] Vnser lieht
der ovgen weide *B.* **55** Gar vnsers libes *A,* Vnser h^{s}zen *B.* **56** in] vnder *B.*
58 Vnde laz vns *A,* Lestv vns *B.* **59** Sten *B.* **60/61** So bistv von g. h./ Immer me
g. *B.* **62** ver dienstu *B.* **62a–d** *B*] *fehlen A, in C teilweise erhalten.* **62a** |vns . . .
wesen gvt *C.* **62b** *C*] die rede vñ ovch *B.* mvt| *C.* **63** *Initiale B. Wacker-*
nagel] S$\grave{v}$ sprach mûter *AB.* **64** *B^b*] minē *B^a,* minen *A.* **67** irme *A,* eime *B^a,*
einem *B^b.* **68** daz wol ervinde *B.* **69** Von evch beiden *B.* **70** Von gotes gen. *B.*
71 die *fehlt B.* **73** *C*] Vñ alle *AB.* **74** *C*] Sprechent ich si *A,* Daz ich si *B.*
75 *C*] zer welte hant *A,* ie haben *B.* **76** Wen *A.* sol *B.* **77** *C*] Me dan $\grave{v}$ch zwein
A, Wan evch beiden *B.* nehst gote *B.*

27

　　　　des sol ich ziuwerm gebote
　　　　iemer vil gerne stân.
680　　wie michel reht ich des hân!
　　　　Muoter, sæligez wîp,
　　　　sît ich nû sêle unde lîp　　　　　　　　*Ende C 1ᵛ*
　　　　von iuwern genâden hân,
　　　　sô lâtz an iuwern hulden stân
685　　daz ich ouch diu beide
　　　　von dem tiuvel scheide
　　　　und mich gote müeze geben.
　　　　jâ ist dirre werlte leben
　　　　niuwan der sêle verlust.
690　　ouch *en*hât mich werltlich gelust
　　　　unz her noch niht berüeret,
　　　　der hin zer helle vüeret.
　　　　nû wil ich gote gnâde sagen,　　　　*Beginn C 1ᵛ(2ᵇ)*
　　　　daz er in mînen jungen tagen
695　　mir die sinne hât gegeben　　　　　　*Ende C 1ᵛ*

78–80 *in B (auf 678 folgen 815f., 819–830):*
　　678　Ich wil vz sinem g e b o t e
　　815　Nimmer kvmen wil iz g o t
　　816　Wan iz ist selber sin g e b o t
　　819　Ich dvlde iz ane rewe
　　820　Ich wil ovch miner trewe
　　821　An mir selben niht ver g e z z e n
　　　　　Iz ist also ge m e z z e n
　　　　　Swer einen andern *(fehlt Bᵇ)* so gevrewet h a t
　　　　　Daz er selbe vnvro s t a t
　　825　Daz er einen andern kronet
　　　　　Vñ sich selben honet
　　　　　Der trewe (trĕwn *Bᵇ*) der sei gar zv vil
　　　　　Dvrch recht ich evh des volgē wil
　　　　　Daz ich evch trewe leiste
　　830　Vñ mir selben aller meiste.
78 ze ivwerem *C,* nach ṽwerm *A.*　　　**79** Iemer me *A.*　　　**80** des *C*] dˢzǔ *A.*
81 *Initiale A(C, vgl. Gierach 258). In C nur* wip *noch lesbar.* vil seligez w. *B.*
82 sît ich nû *AC*] Nv ich *B.*　　　**83** ewer zweier *B.*　　　**84** Lat mich in gotes h. st. *B.*
85 Daz ich si mvze beide *B.*　　　**86** scheiden *Bᵇ.*　　　**87** Vñ sie ze himele mvze g. *B.*
88/89 Dirre kranken werlde leben/ Daz ist der sele ver lust *B.*　　**88** jâ *Wackernagel*]
Ioch *A.*　　**90** Ia nv hat mich der gelvst *B.*　　Öch hette *A.*　　　**91** unz her *fehlt B.*
92 hin zer hellen *A,* zv der helle *B.*　　　**93–95** *in C erhalten, aber nur teilweise lesbar.*
93 Des *B.*　　g[enade]n *C.*　　　**94** *A(C)*] Daz er mir *B.*　　　**95** *AC*] Wol die witze *B (vgl.*
594).

daz ich ûf diz brœde leben
ahte harte kleine.
ich wil mich alsus reine
antwürten in gotes gewalt.
700 ich vürhte, solde ich werden alt,
daz mich der werlte süeze
zuhte under vüeze,
als si vil manigen hât gezogen
den ouch ir süeze hât betrogen;
705 sô würde ich lîhte gote entsaget.
dem müezez sîn geklaget
daz ich unz morgen leben sol.
mir behaget diu werlt niht sô wol;
ir gemach ist michel arbeit,
710 ir meiste liep ein herzeleit,
ir süezer lôn ein bitter nôt,
ir lanclîp ein gæher tôt.
wir enhân niht gewisses mê
wan hiute wol und morgen wê
715 und ie ze jungest der tôt.
daz ist ein jæmerlîchiu nôt.
ez enschirmet geburt noch guot,
schœne, sterke, hôher muot,
ez envrumet tugent noch êre
720 vür den tôt niht mêre
dan ungeburt und untugent.
unser leben und unser jugent
ist ein nebel und ein stoup,
unser stæte bibet als ein loup.

---

700 Ich fvrchte vñ wurde ich alt *B.*   **2** Gezvckete *B.*   *Haupt]* vnder die fůze *AB*
(vgl. 88).   **4** Der zv der helle wirt be trogē *B.*   **6** *Gierach 555]* Den mv̇z ez immer
B, Gotte můz es *A.*   **7** biz *B.*   **8** Dise werlt gevellet mir niht wol *B.*   **9/10** *B]* Ir
meiste liep ir (ist *Myller Anm. z. St., Haupt)* herzeleit/ Dz si v̀ch fv̀r war geseit *A.*
10 meistez *B.*   **11** svzez *B.*   **12** lanclîp *Pfeiffer 349 (vgl. V. 712, 1514)]* lang leben
AB. Grimm] ein bitter tot *A,* ist der gehe tot *B.*   **13** Nv enhabe wir *B.* en- *fehlt A.*
14 Dan *B.*   **15** Vñ doch zv ivngest tot *B.*   **16** Mvter daz ist ein groze not *B.*
17 Nv en stet g. vñ noch daz *(fehlt B^a)* gvt *B.*   **18** *Haupt]* noch hoher m. *A,* wiser
m. *B.*   **19** Nv en vrvmet (enfvret *B^b*) *B. Wackernagel]* tvgent vñ *B,* weder t. noch *A.*
21 dan] Den *A,* Din *B.*   **23** Daz ist ein leben vñ ist ein stovp *B.* rǒp *A.*   **24** stete
bibent *A.*

29

725   er ist ein vil verschaffen gouch
          der gerne in sich vazzet rouch,
          ez sî wîp ode man,
          der diz niht wol bedenken kan
          und der werlte volgende ist,
730   wan uns ist über den vûlen mist
          der phelle gespreitet.
          swen nû der blic verleitet,
          der ist zer helle geborn
          und enhât niht verlorn
735   wan beide sêle unde lîp.
          nu gedenket, sæligez wîp,
          müeterlîcher triuwe
          und senftet iuwer riuwe
          die ir dâ habet umbe mich.
740   so bedenket ouch der vater sich,
          ich weiz wol daz er mir heiles gan.
          er ist ein alsô biderber man
          daz er erkennet wol daz ir
          unlange doch mit mir
745   iuwer vreude muget hân,
          ob ich joch lebende bestân.
          belîbe ich âne man bî iu
          zwei jâr ode driu,
          sô ist mîn herre lîhte tôt,

25/26 *in B:*
    726   Wir sin ein nebel vñ ein rovch
    725   Er ist ein ver schaffener govch.
26 den rŏch *A.*   **28** Der sich des (Des sich der *B^b*) niht v̊sinnen kan *B Mettke 155.*
29 Vñ dirre werlde *B,* Vñ ŏch der welte nach *A (ouch streicht Gierach 549).*   **30** Io
ist vns *B.*   **31** pfellel *B,* pfellor hie *A.*   gebreitet *B.*   **32** nû *fehlt B.*   **34** niht
Gierach 552] niht me *A Bonath,* anders niht *B.*   **35** Wan die sele vñ den lip *B.*
36/37 Mvter vil seligez wip/ Ge denket an mvterliche trewe *B.*   **39** dâ *fehlt B.*
40–45 *in B:*
    740   So ver sinnet ovch min vat^s sich
    742   Der ist ein also wiser (wise *B^b*) man
    741   Daz er selden vil wol gan
    743   Nv wizzet ir wol daz ir
    744   Ewer vrevde mit mir
    745   Niht lenger mvget gehan.
42 bider *A.*   **46/47** Ob ich lebendic bestan/ Ein wenic lenger biu (bi ev *B^b*) *B.*
49 So ist min liber herre tot *B.*

750 und komen in sô grôze nôt
vil lîhte von armuot
daz ir mir selhez guot
zeinem man niht muget geben,
ich enmüeze alsô swache leben
755 daz ich iu lieber wære tôt.
nû swîge wir aber der nôt,
daz uns niht enwerre
und uns mîn lieber herre
wer und alsô lange lebe,
760 unz man mich zeinem manne gebe
der rîche sî unde wert:
sô ist geschehen des ir dâ gert,
und wænet mir sî wol geschehen.
anders hât mir mîn muot verjehen:
765 wirt er mir liep, daz ist ein nôt;
wirt er mir leit, daz ist der tôt.
sô hân ich iemer leit
und bin mit ganzer arbeit
gescheiden von gemache
770 mit maniger hande sache
diu den wîben wirret
und si an vreuden irret.

---

50 Vñ koment *A*, So kvme wir *B*.   **51** Daz vns besweret wirt der mvt *B*.   **52–55** *in B:*
    752   Vñ daz ir dan so groz gvt
    753   Mit mir niht mvget gegeben
    754   Ichn mvze lichte wirs leben
    755   Daz evch liber wer| were ich tot.
52 selhez *Wolff nach Zwierzina ZfdA 45 (1901) 351*] alsoliches *A*.   **53** Zů einem
manne *A*.   **56** swîge *B*] geswîge *Gierach 312f.,* verswigen *A*.   wir dirre grozen *B*.
57 Daz die vns icht werre s e r e *B*.   **58** *B*] *fehlt A.*   **59** Also lange mv̊ze leben *B*.
Were *A*.   **60** Daz ir mich einē (einem *B*^b) māne mvget geben *B*.   unz *Wolff*] Vnze
das *A*.   zů ein *A*.   **61** Der mir si rich *B*.   **62** dâ *A*] beide *B*.   **63** So went ir *B*.
64 mir *fehlt A.*   **65** mir *fehlt A.*   **67** Wan so *A*.   immerm^se *B*.   **68** ganzer *A*]
mancher *B*.   **70** Vñ lebe in svlcher sache *B*.   **71** Daz mancher vrowen wirret *B*.
72 an *B*] zů *A*.   **72** *Danach in B:*
    772a   Nv bin ich evh vil travte
      b   Vil seligen levte
      c   Daz keret mir zv gv̂te
      d   Vñ gevart nach minē mv̂te.

Nû setzet mich in den vollen rât
der dâ niemer zegât.
775 mîn gert ein vrîer bûman
dem ich wol mînes lîbes gan.
zewâre, dem sult ir mich geben,
sô ist geschaffet wol mîn leben.
im gât sîn phluoc harte wol,
780 sîn hof ist alles râtes vol,
da enstirbet ros noch daz rint,
da enmüent diu weinenden kint,
da enist ze heiz noch ze kalt,
da enwirt von jâren nieman alt,
785 der alte wirt junger;
dâ enist vrost noch hunger,
da enist deheiner slahte leit,
da ist ganziu vreude âne arbeit.
ze dem wil ich mich ziehen
790 und selhen bû vliehen
den der schûr und der hagel sleht
und der wâc abe tweht,
mit dem man ringet und ie ranc.
swaz man daz jâr alsô lanc
795 dar ûf garbeiten mac,
daz verliuset schiere ein halber tac.
den bû den wil ich lâzen,
er sî von mir verwâzen.
ir minnet mich, deist billich.
800 nû sihe ich gerne daz mich

73 Initiale A. Nû fehlt B (vgl. B 772a). **75** frier A, richer B. **76** wol fehlt B.
78 geschaffet wol A Bonath] geschaffen wol Gierach 541 Wolff, wol bestat B. **79** Des
pflvck get eben vñ wol B. **81** Da en mevt (Donen mvet B^b) ros noch (noch die B^b)
rint B. Do enstirbet weder A. **82** Do enmügent A, Noch B. **83** Din ist B^a, Den
ist B^b. weder zeheis A. **84** wurt A. der iare B. **85** Der alt ist der wirt ivnger B.
86 weder dvrst noch h. B. Nach 786 in B:
786a Don ist weder haz noch nit
b Niht wan meyen weter ze aller zit
für Echtheit Bonath 206f. **87** leit A] arebeit B. **88** Niht wan groze libe ane leit B.
90 Vñ wil den bv vl. B. **91** der schvre B, daz für A. **93** Swaz der man ie geranc
B. **94/95** Daz iar daz ist in so lanc / Waz er ge erbeiten mac B. **96** Daz nimet vil
lihte ein h. t. B. **98** Der B. **799–805** fehlen B. **799** deist Lachmann] das ist A.

32

iuwer minne iht unminne.
ob ir iuch rehter sinne
an mir verstân kunnet
und ob ir mir gunnet
805 guotes unde êren,
sô lâzet mich kêren
zunserm herren Jêsû Krist,
des gnâde alsô stæte ist
daz si niemer zegât,
810 und ouch zuo mir armen hât
alsô grôze minne
als zeiner küniginne.
　　Ich *en*sol von mînen schulden
ûz iuweren hulden
815 niemer komen, wil ez got.
ez ist gewisse sîn gebot
daz ich iu sî undertân,
wan ich den lîp von iu hân;
daz leiste ich âne riuwe.
820 ouch *en*sol ich mîne triuwe
an mir selber niht brechen.
ich hôrte ie daz sprechen:
swer den andern vreuwet sô
daz er selbe wirt unvrô
825 und swer den andern krœnet
und sich selben hœnet,
der triuwen sî *joch* ze vil.　　　*Beginn C 2ʳ (3ᵃ)*
wie gerne ich iu des volgen wil
daz ich iu triuwe leiste,

805 *Haupt (vgl. 77)*] Beide gûtes vnde e. *A.*　　**6/7** Ich wil mich halden an vnsern hˢrē
ihm̃ crist *Bᵃ*, *in Bᵇ drei Verse:*
　　Ich wil mich halden
　　Vñ wil er balden
　　An vnsern herren Iesvm crist.
10 Vñ daz er zv mir *B.*　　　**11** gvte *B.*　　　**12** So zv einer richen *(fehlt Bᵇ)* k. *B.*
13 *Initiale A.*　　en- *fehlt A.*　　　**13–30** *fehlen hier in B. Der Abschnitt steht in B
verändert (Reime) und verkürzt (nur 815f., 819–830) nach 678, s. zu 678–680. Nur
die Varianten von B zu 627–630 werden im folgenden wiederholt.*　　　**17/18** *fehlen B.*
20 en- *fehlt A.*　　**24** selber *A.*　　**26** selber *A.*　　**27** *Wolff*]|wen si ŏch ze *C,* tr. der sei
gar zv *B,* tr. ist ein teil ze *A.*　　　**28** wie gerne *C*] Gerne *A,* Dvrch recht *B.*

830 mir selber doch die meiste!
welt ir mir wenden mîn heil,
sô lâze ich iuch ein teil
ê nâch mir geweinen,
ich enwelle mir erscheinen
835 wes ich mir selbe schuldic bin.
ich wil iemer dâ hin
da ich volle vreude vinde.
ir habet ouch mê kinde,   *Ende C 2^r*
diu lât iuwer vreude sîn
840 und getrœstet iuch mîn.
mir*n* mac daz nieman erwern
zewâre, ich enwelle ernern
mînen herren unde mich.
muoter, *jâ* hôrte ich dich
845 klagen unde sprechen ê,
ez tæte dînem herzen wê,
soldestû ob mînem grabe stân.
des wirstû harte wol erlân;
du *en*stâst ob mînem grabe niht,
850 wan dâ mir der tôt geschiht,   *Beginn C 2^r (3^b)*
daz enlât dich nieman sehen,
ez sol ze Salerne geschehen.
852a dâ sol uns viere der tôt   *Ende C 2^r*
b lœsen von aller slahte nôt.

30 *C(A)*] Vñ mir selben aller meiste *B*.   Vñ mir *A*.   **31** erwenden mir *B*.   **32** Zwar
ich laz *B*.   v̀ch vil liht ein t. *A*.   **33** weinen *B*.   **34** Ich wil *B*.   *AC*] bescheinen *B*.
35 Des *B*.   selbe *Wolff*] selber *AB Bonath, fehlt C*.   **36** *CA*] Zwar ich wil ie dar hin *B*.
37 volle *CB*] ganze *A*.   **38** ŏch| *C*, doch *A*, noch *B*.   **40** Dvrch got getrostet *B*.
ir v̀ch *A*.   **40** *Danach in B:*
840a   Der kvrzen vrist vñ der zit
b   Die also schire geleit
852a   Morgen hilfet vns min got
b   Vz von allerslachte not
853   Des todes genese wir
854   Vñ ich verre baz dan ir.
41 mir mac daz *Wolff*, Wan mir mag dz *A*, Izn kan mir *B*.   **42** Ichn welle wol er nern
B.   **44** jâ *Wackernagel*] ioch *A, fehlt B*.   ich h. dich *B*.   **48** Dv wirdest sin vil
wol e. *B*.   **49** en- *fehlt AB*.   **50–52a** von d^s tot *bis 852a* Da schol| *in C erhalten*.
50 Dort do *B*.   **52a–54** *in B nach 840*.   **52a/b** *Paul*] Do sol vns viere der tot
lŏsen/ Von d^s hellen vñ von den geisten bŏsen *A*.   **52a** vieriu *Wolff*.

34

des tôdes genese wir
und ich verre baz dan ir.‹
855 Dô si daz kint sâhen
zem tôde *sô* gâhen
und ez sô wîslîchen sprach
unde menschlich reht zebrach,
si begunden ahten under in
860 daz die wîsheit und den sin   *Beginn C 2^v (4^a)*
niemer erzeigen kunde
dehein zunge in kindes munde.
si jâhen daz der heilic geist
der rede wære ir volleist,
865 der ouch sant Niklauses phlac,
dô er in der wagen lac,
und in die wîsheit lêrte
daz er ze gote kêrte
sîne kintlîche güete.
870 sich bedâhte ir gemüete   *Ende C 2^v*
daz si *niene* wolden
si wenden noch ensolden
daz si sich hete an genomen;
der sin sî ir von gote komen.
875 von jâmer erkalte in der lîp.
dô der meier und sîn wîp
an dem bette sâzen
alsô daz si vergâzen

53/54 *in B s. zu 840.* **53** *B*] Des todes des *A.* **54** *B*] ich doch *A.* **55** *Initiale A.*
kint do *A.* **56** Zů dem *A,* Nach dem *B.* sô *Haupt*] sa *A,* also *B.* **57** Daz iz *B.*
wisliche *A,* wizlichen *B^a,* wizzelichen *B^b.* **58** menschliche recht brach *B.*
60–70 *Der Text von C ist nur teilweise lesbar, von 860 nur* den. **60** den wistvm *B.*
61 *A(C)*] Nicht vol brengen konde *B.* **62** in *CB*] von *A.* **63** *CB*] sprachen *A.*
Haupt] heilige *AB.* **64** ::: volleist *C,* Were der rede v. *B.* **65** sante ::: *C,* scen
niclaweses *A,* sente Nycolavs (Niclavs *B^b*) *B.* **66** ::: wagen *C,* in siner wigen *B.*
69 *A*] Sin kintlich gemvte *B,* Sin ::: *C.* **70** *Gierach 260f.*] Sich bedahte *(Rest der
Zeile unleserlich) C,* Vñ dachten in ir gemůte *A,* Si bedachten sich in irre gͮte *B.*
71 *Gierach 545ff.*] niht enwollten *AB.* **72** Noch weren ensolden *B.* **73** daz *B*
Gierach 537] Des *A.* **74** Der wille si ir *A,* Ir were der sin (sinne noch *B^b*) *B.*
75 Vor *B.* erkalte *B Bonath*] erkaltet *A Wolff.* **76** Daz *B.* meiger *A.* **77** In dem
B, An den *A.* **78** Vñ vil gar v. *A.*

durch des kindes minne
880 der zungen und der sinne,
zuo der selben stunde
ir *de*wederz enkunde
ein einic wort gesprechen.
daz gegihte begunde brechen
885 die muoter von leide.   *Beginn C 2ᵛ(4ᵇ)*
sus gesâzen si beide
riuwic und unvrô,
unz si sich bedâhten dô   *Ende C 2ᵛ*
waz in ir trûren töhte;
890 sô ir doch niht enmöhte
benemen willen und *den* muot,
so enwære in niht alsô guot
sô daz si irs wol gunden,
wan si doch niht enkunden
895 ir niemer werden âne baz.
geviengen si der rede haz,
ez möhte in an ir herren
vil harte gewerren
und verviengen anders niht dâ mite.
900 mit vil willeclîchem site
jâhen si beidiu dô
daz si der rede wæren vrô.
Des vreute sich diu reine maget.
dô ez vil kûme was getaget,
905 dô gienc si dâ ir herre slief.

79/80 *umgestellt B.*   **81** *Gierach 327*] So zů (An *B*) derselben (den s. *B*) stunden
AB.   **82** Also daz sie enkvnden *B.*   dewederz *Bech (vgl. Gierach 326)*] enweders *A.*
83 Ein wort niht g. *B.*   **84** Die giht *B.*   **85–88** *Mit* mv̊tˢ *beginnt C 4ᵛ und endet*
888 mit be:::.   **85** vor *BC.*   **86** *AC*] Do sazen si *Bᵃ,* Do satzten si sich (sich
übergeschrieben) *Bᵇ.*   **87–89** *A(C)*] *in B nur ein Vers:* Vñ dachten waz in tochte *B.*
88 Vnz dc *C,* Bitze *A.*   **90** *Gierach 552*] So men doch niht *A,* Nv ir niman *B.*
91 Er wern *B. Wolff*] irn willen vñ iren mv̊t *AB.*   **92** Izn were niht *B.*   **93** si iz ir
gonden *B.*   **94** Wanne sinen k. *Bᵃ,* Wannen sie enk. *Bᵇ.*   **96** *B Gierach 528*
Bonath] Enphiengen *A,* gevienge *Wolff.*   **97** Daz *B.*   umbe *A.*   **98** Gewerren harte
s e r e *B.*   harte wol *A.*   **99** gewünen *B.*   do mitten *A.*   **900** Wan mit w. s. *B.*
willeclichen sitten *A.*   **1** Sprachen *A.*   **2** *Danach in B:*
    902a Vñ daz iz sie dovchte in irem mvt
       b Vil getrevlichen gvt.
3 *Initiale A.*   reine *A*] schone *B.*   **4** vil kume *A*] ein wenic *B.*

sîn trûtgemahel ime rief,
si sprach: ›herre, slâfet ir?‹
›nein ich, gemahel, sage mir,
wie bistû hiute alsô vruo?‹
910 ›herre, dâ twinget mich dar zuo
der jâmer iuwer siecheit.‹
er sprach: ›gemahel, daz ist dir leit,
daz erzeigestû an mir wol,
als ez dir got vergelten sol.
915 nu enmac es dehein rât sîn.‹
›entriuwen, lieber herre mîn,
iuwer wirt vil guot rât.
sît ez alsus umbe iuch stât
daz man iu gehelfen mac,
920 ichn gesûme iuch niemer tac.
herre, ir hât uns doch gesaget,
ob ir hetet eine maget
diu gerne den tôt durch iuch lite,
dâ soldet ir genesen mite.
925 diu wil ich weizgot selbe sîn.
iuwer leben ist nützer dannez mîn.‹
   Do genâdete ir der herre
des willen harte verre
und ervolleten im diu ougen
930 von jâmer alsô tougen.
er sprach: ›gemahel, ja enist der tôt

6 Sin gemale im do rief *B*. gemahel *Wolff*.   **7** Liber herre *B*.   **8** Nein gemale was
wirret dir *B*.   **9** alsô *B*] vf so *A*.   **10** herre *A*] Si sprach *B*.   mich *B*] do mich *A*.
11 Daz *B*.   **12** Daz weiz ich wol daz ist d. l. *B*.   **13** Daz hastu an mir erzeiget
wol *B*.   **14** dir got iz *B*.   **15** Nv mag es dekein ander rat sin *A*, Nv en mac iz rat niht
gesin *B*.   **16** Trᵛawen *B*.   **17** Des sol werden *B*.   **18** Sint ewer dinch also stat *B*.
19 men *A*, ich *B*.   **20** Ich engesume ᵛch *A*, Ich en svme iz *B*.   **21** herre *fehlt B*.
doch *A*] also *B*.   **23** Die den tot gerne lite *B*.   **24** Da geneset ir mite *B*.   **25** weis
gott selber *A*, selber gerne *B*.   **26** dan dz min *AB*ᵇ, dēne mī *B*ᵃ.   **26** *Danach in B:*
   926a   Got mᵛz iz sein geclait
      b   Daz ir iz so lange hat ᵛdait
      c   Ŵ iz mir vor drin iaren kvnt
      d   Ir weret nv wol gesvnt.
27 *Initiale A*.   **28** also s e r e *B*.   **29/30** *fehlen B*.   **31** ioch ist *A*.

iedoch niht ein senftiu nôt,
als dû dir lîhte hâst gedâht.
dû hâst mich des wol innen brâht,
935 möhtestû, dû hülfest mir.
des genüeget mich von dir.
ich erkenne dînen süezen muot,
dîn wille ist reine unde guot,
ich ensol ouch niht mê an dich gern.
940 du enmaht mich des niht wol gewern
daz dû dâ gesprochen hâst.
die triuwe die dû an mir begâst,
die sol dir vergelten got.
diz wære der lantliute spot,
945 swaz ich mich vür dise stunde
arzenîen underwunde
und mich daz niht vervienge
wan als ez doch ergienge.
gemahel, dû tuost als diu kint
950 diu dâ gæhes muotes sint:
swaz den kumet in den muot,
ez sî übel ode guot,
dar zuo ist in allen gâch
und geriuwet si dar nâch.
955 gemahel, alsô tuost ouch dû.
der rede ist dir ze muote nû;
der die von dir nemen wolde,
sô manz danne enden solde,
so geriuwez dich vil lîhte doch.‹
960 daz si sich ein teil noch
baz bedæhte, des bater.

32 Nicht ein also senfte n. *B.*   33 Als dv dir hast erdaht *B.*   36 begnůget mich wol
A, genvget mir *B.*   37/38 *fehlen B.*   39 Ichn sol an dich niht gern *B.*   von dir
gern *A.*   40 Dv macht mich vrowe niht ernern *B.*   en- *fehlt AB.*   41 do *A,* nv *B.*
42 Der trewe der *B.*   43 Der vergelde dir got *B.*   44 Iz *B.*   45 Daz *B.*   mich *fehlt*
A.   für dise st. *A,* nach dirre st. *B.*   46 Mich arzenien *A,* Der arcedie *B.*   47 daz *B*]
doch *A.*   48 Als iz vil lichte er gienge *B.*   49 gemahel *fehlt B.*   50 Die gehes
gemůtes s. *B.*   51 Swaz in *B.*   53 wirt in vil gach *B.*   54 si sere *A.*   55 ouch
fehlt B.   56 Iz were dir *B.*   57 die *A*] iz *B.*   58 Als man iz wol e. s. *B.*   59 vil
lîhte *fehlt B.*   60 Vñ daz *A.*   ein teil *fehlt B.*   61 baz *fehlt B.*

er sprach: ›dîn muoter und dîn vater
die enmugen dîn niht wol enbern.
ich ensol ouch niht ir leides gern
965 die mir ie gnâde tâten.
swaz si dir beidiu râten,
liebe gemahel, daz tuo.‹
hie mite lachete er dar zuo,
wan er lützel sich versach
970 daz doch *sît* dâ geschach.
sus sprach *zir er* guoter.
der vater und diu muoter
sprâchen: ›lieber herre,
ir hât uns vil verre
975 geliebet unde gêret;
daz enwære niht wol *gekêret*,
wir eng*u*ltenz iu mit guote.
unser tohter ist ze muote
daz si den tôt durch iuch dol.
980 des gunne wir ir harte wol,
980a *sus hât siz umbe uns* brâht.
b si enhât sich kurze niht bedâht.
ez ist hiute der dritte tac
daz si uns allez ane lac
daz wir ir sîn gunden.
nû hât siz an uns vunden,
985 nû lâze iuch got mit ir genesen;
wir wellen ir durch iuch entwesen.‹

---

62 er sprach *fehlt B.*   **63** Die mvgen din vrowe niht enpern *B.*   **64** Ichn wil ires
leides niht g. *B.*   Ich sol ǒch *A.*   **65** Daz sie mir ie genaden t. *B.*   **66** Daz *B.*
67 Liebes kint des volge dv *B.*   **68** Do lachte er nv zv *B.*   **69** sich wenic des *B.*
70 doch sider do *A,* im sint da von *B.*   sît *Gierach 537.*   **71–74** *in B:*

> 972   Ir vater vñ ir mvter i e
> 973   Die sprachen beiden samt h i e
> 973   Trewen lieber herre
> 974   Ir habet vns vil s e r e.

71 *Gierach 541f.*] er zǔ der gǔter *A.*   **76** Izn were *B.*   *Gierach 526*] bekeret *A,*
v̊keret *B.*   **77** *Bech*] Wir engeltens *A,* Wirn lontens *B.*   **78** ist des *B.*   **80** Nv
gvnne wir iz evh wole (dole :) *B.*   **80a/b** *B, fehlen A.*   **80a** *Gierach 560f.*] Wir
haben si dar vmbe her bracht *B.*   **83** ir sîn *A*] iz ir *B.*   **85** Got laze evh *B.*

39

Dô im sîn gemahel bôt
vür sînen siechtuom ir tôt
und man ir ernest ersach,
990 dô wart dâ michel ungemach
und riuweclich gebærde.
mislich beswærde
huop sich dô under in,
zwischen dem kinde und in drin.
995 ir vater und ir muoter, die
*h*uoben michel weinen hie;
weinens *gienc* in michel nôt
umbe ir vil lieben kindes tôt.
nu begunde ouch der herre
1000 gedenken alsô verre
an des kindes triuwe
und begreif in ouch ein riuwe,
daz er sêre weinen began,
und zwîvelte vaste dar an
1005 weder ez bezzer getân
möhte sîn ode verlân.
von vorhten weinde ouch diu maget;
si wânde er wære dar an verzaget.
sus wâren si alle unvrô.
1010 si *en*gerten deheines dankes dô.

87 *Initiale AB.* ime *A,* nv *B.* bôt *B*] do gebot *A.* **89** Do er irn rechten ernst sach *B.*
90 dâ] do *A, fehlt B.* **91** und *fehlt B.* riuweclich *B Gierach 529*] iemerliche *A*
Bonath. **92** Vñ misliche *B,* Manige misliche *A.* swere (gebere :) *B.* **93** Do
begonde sich heben vnder in *B.* **94** Zwischent den herren *A.* in] den *B.*
95–98 *fehlen B.* **96** *Gierach 542*] Erhůben *A.* **97** Des weinendens *A.* gienc
Gierach 533ff. (Bech Anm. z. St. verweist auf Erec 5350)] tet *A.* **99** Do *B.*
1000 Zv denkene also s e r e *B.* **2** In begreif ein svlche rewe *B.* **2** *Danach in B:*
    1002a Daz er si drvckete an sine brvste
        b Daz er si niht enkvste
        c Daz liez er dvrch sine sicheit
        d Dar nach begreif in ein svzez leit
    1003/4 Daz er zwivelen began
    1003/5 weder im bezzer were (were besser *B*^{b}) gelazē od^s getan.
7–10 *fehlen B.* **10** Sv̀ gerten keines dankes *A,* ›*sie strebten nach niemandes
Zustimmung‹ vgl. Freytag ZfdA 127 (1998) 93f.,* sî gêrten keinen dankes ›*sie will-
fahrten keinem freiwillig‹ Rosenfeld ZfdA 95 (1966) 181f.* engerten *Wolff.* dankes *A*
Leitzmann Springer (Fs. T. Starck 1964) 189–210] schimpfes *Gierach 335f.*

ze jungest dô bedâhte sich
ir herre, der arme Heinrich,
und begunde sagen in
grôze gnâde allen drin
1015 der triuwen und des guotes
– diu maget wart rîches muotes
daz ers gevolgete gerne –
und bereite sich ze Salerne
sô er schierest mohte.
1020 swaz *joch* der maget tohte,
daz wart vil schiere bereit:
schœniu phärt und rîchiu kleit
diu si getruoc nie vor der zît,
hermîn unde samît,
1025 den besten zobel den man vant,
daz was der mägede gewant.
   Nû wer möhte vol gesagen
die herzeriuwe und daz klagen
und ir muoter grimmez leit
1030 und ouch des vater arbeit?
ez *wære* wol under in beiden
ein jæmerlîchez scheiden,
dô si ir liebez kint von in
gevrumten sô gesundez hin
1035 niemer mê ze sehenne in den tôt,
wan daz in senfterte ir nôt
diu reine gotes güete,
von der doch daz gemüete

13 vnder in *B.*   **14** in allen *B.*   **17** Do er ir volgte g. *B.*   **18** Sie bereiten sich
gegen s. *B.*   **19** So sie aller baldest mochten (: tochte) *B.*   **20** swaz joch *Gierach
283, 537*] Swaz ŏch *A,* Daz *B.*   wol an t. *B.*   **21** vil *fehlt B.*   **22** Beide pfert vñ
kleit *B.*   **23** Daz sie nie getrvc *B.*   **24** Hermel *B.*   semit *A.*   **26** *Danach in B:*
    1026a   Sie schein so schone in swach⁵ wat
       b   Daz si nv gar zv wunsche stat
vgl. ›*Erec*‹ *1586–1591.*   **27** *Initiale A.*   Nv enkonde evh niemā vollen sagē *B.*
Wolff] wol gesagen *A.*   **28** Ires hˢzen rewe vñ ouh ir clagē *B.*   **29** Der m.
grimmigez l. *B.*   **31/32** *fehlen B.*   **31** ez wære *Wackernagel*] Es enwere *A.*
34 Vurten *B.*   **35** In einen so gewislichen tot *B.*   **36** senftert *A,* senfte *B.*   dise *B.*
38 Da von ovch *B.*

dem jungen kinde bekam
1040 daz ez den tôt gerne nam.
ez was âne ir rât komen;
dâ von wart von in genomen
älliu klage und swære, *Beginn E*
wan ez anders wunder wære
1045 daz in ir herze niht zebrach.
ze liebe wart ir ungemach,
daz si dar nâch deheine nôt
liten umbe des kindes tôt.
    Sus vuor *en*gegen Salerne
1050 vrœlich und gerne
diu maget mit ir herren.
waz möhte ir nû gewerren
wan daz der wec sô verre was,
daz si sô lange genas?
1055 dô er si volbrâhte

39 *Wolff*] O̊ch dem ivngen k. kam *A*, Dem cleinen k. beqvam *B*. **41** an *A*, vf *B*.
bekvmen *B*. **42** Hie mite so was in benvm̄ *B*. von in *Gierach 557f.*] von irme
h^szen *A*. **43–97** *In E nur Versenden erhalten*. Mancher hande swere *B*. **45** in
fehlt B. **46** Die liebe *A*. waz in vng. *B*. **47/48** Vn̄ enhatten keinerslachte not/
Vmbe ires liben kindes tot *B*. **48** Litten *A*, enliten *Wolff*. **49** *Initiale AB*.
engegen *Gierach 538*] gegen *AB*. **50** Vrolichen *B*. **51** |rren *E*. **52** Si cleite niht
so s e r e *B*. |eẘren *E*. **53** Wz das *A*. lanc *B*. **54** *Danach in B 18 Plusverse:*
1054a   Do er vf daz velt qvam vor die stat
    b   Got er innenclichen bat
    c   Daz sin reise were bewant
    d   Daz er ein so wit lant
    e   Hinder im mvste lazen
    f   Des bat er got vf der strazen
    g   Oder mit deheinen vneren
    h   Ze lande mvsten keren
    i   Des antwort im die schone mait
    j   Si sprach herre iz ist evh wol gesait
    k   Swer lip hat vn̄ gvt
    l   Der sal ovch haben steten mvt
    m   Vn̄ sol got vor ovgen han
    n   So enkan im nimmer misse gan
    o   Nv tvt iz noch des volget mir
    p   Lat ewer zwifeliche gir
    q   Got gibt evch wider ewern gesvnt
    r   Ir gewīnet gvtes vollen grv̄t.
55 *Initiale B*. Vnde do *A*. vollebrahte *A*, do brachte *B*.

hin als er gedâhte
dâ er sînen meister vant,
dô wart ime *dâ* zehant
wærlîchen gesaget,
1060 er hete brâht eine maget
die er in gewinnen hiez.
dar zuo er in si sehen liez.
daz dûhte in ungelouplich.
er sprach: ›kint, weder hâstû dich
1065 dises willen selbe bedâht
ode bistû ûf die rede brâht
von bete ode dînes herren drô?‹
diu maget antwurte im alsô,
daz si die selben ræte
1070 von ir herzen tæte.
des nam in michel wunder
und vuorte si besunder
und beswuor si vil verre,
ob ir iht ir herre
1075 die rede hete ûz erdrôt.
er sprach: ›kint, dir ist des nôt
daz dû dich bedenkes baz,
und sage dir rehte umbe waz:
ob dû den tôt lîden muost
1080 unde daz niht gerne tuost,
sô ist dîn junger lîp tôt
und *en*vrumet uns leider niht ein brôt.
Nu enhil mich dînes willen niht.
ich sage dir wie dir geschiht:

---

56 Da hin da er g. *B.* **57** Vñ do *A.* **58** ime dâ zehant *Gierach 547f.*] ime zehant
A, in alzehant *B.* **59** wærlîchen *B Mettke 155f.*] Vil frôlich *A,* vil frîlîchen *Gierach*
552. **62** sie in *B.* **63** Iz dovchte in gar vnbillich *B.* **64** weder hestv dich *A,* |dˢ
has dv dich *E,* hast dv dich *B.* **65/66** Dise rede selber an g e n v m e n / Oder bistv
hie zv b e k v m e n *B.* |daht : |braht *E.* **65** Dis *A.* **67** Von dines h. dro *B.* **68** Do
antworte sie im so (do *Bᵇ*) *B.* |[t]ete ime also *E.* **69** die selbe *A,* selber die *B.*
70 Von ir selbes herzen *A.* hete *B.* **72** wiste *B.* **73/74** Hin dan also s e r e / Vñ
vragete ob sie ir hˢre *B.* **76** |st des not *E.* des *fehlt AB.* **77** bedenkes *B Gierach*
527] beratest *A Bonath.* **78** Ich *B.* **79** Wie dv *B.* **80** Ob dv daz *B.* vil gerne *A.*
82 Vñ vrvmet vns niht vmb ein brot *B.* Vnde frowet *A.* |vch nit eī brot *E.*
83 *Initiale A.* ich mich *Bᵇ.* **84** Ich sage wie dir *A.* |az dir g. *E.*

43

1085   ich ziuhe dich ûz, sô stâstû blôz
        und wirt dîn schame harte grôz
        die dû von schulden danne hâst,
        sô dû nacket vor mir stâst.
        ich binde dir bein und arme.
1090   ob dich dîn lîp erbarme,
        so bedenke disen smerzen:
        ich snîde dich zem herzen
        und brichez lebende ûzer dir.
        vröuwelîn, nû sage mir
1095   wie dîn muot dar umbe stê.
        ezn geschach nie kinde alsô wê
        als dir von mir muoz geschehen.
        daz ich ez tuon sol unde sehen,
        dâ hân ich michel angest zuo.
1100   swie wê ez dînem lîbe tuo,
        geriuwetz dich eins hâres breit,
        sô hân ich mîn arbeit
        unde dû den lîp verlorn.‹
        vil tiure wart si aber besworn,
1105   si*ne* erkande sich vil stæte,
        daz si sichs abe tæte.
        Diu maget lachende sprach,
        wan si sich des wol versach,

85 vz rehte blos *A.* |be bloz *E.*   **86** So ist din schame also g. *B.* |[m]e starke groz *E.*
87 So dv *A.*   **88** sô dû *Gierach 552*] Wan dv *B,* Vñ *A.*   **90** Sich ob dich din
schoner lip e. *B.*   **91** Ich sag dir dinen sm. *B.*   **92** zů dem *A,* gegen dem *B.* |em
hˢzen *E.*   **93** lebendic *B.* ûzer *AE*] von *B.* |:zˢ dir *E.*   **95** wille *B.*   **96** nie *fehlt A.*
| kinde also we *E.* so *B.*   **97** *B(E)*] muoz von mir *A.* |z geschehen *E.*   **1098–1148** *In*
E nur Versanfänge erhalten, die teilweise unleserlich sind.   **1099** michel angest
Grimm] mich angest *A Myller,* groze sorge *B.*   **1100** Sich wie iz dime libe tv *B*
Gierach 553, Nv gedenke selber ŏch darzů *A.* [Swi]e we e| *E.*   **1** eins *fehlt B.*
2 So habe wir alle vnser a. *B.* So habe ich| *E.*   **3** dinen *B.*   **4** Also wart sie tevre
b. *B.*   **5** Daz sie sich erkente stete *B.* Siv erkan::| *E.* Sine *Gierach 539*] Sⱱ *A.*
6 Oder sich sin abe t. *B.* Daz sⱱ sich es *A,* [Dc] siv sich e| *E.*   **7** *Initiale AB,*
Capitulumzeichen E.   **7–18** *in B:*

    1107   **D**es antworte im die schone mait
    1114   Si sprach ich bin ein lvtzel v̌zait
    1118   Einen zwifel ich gewunnen han
    1117   Wizzet ir wie der ist getan.

8 Wande siv| *E.*

44

ir hülfe des tages der tôt
1110 ûzer werltlîcher nôt:
›got lône iu, lieber herre,
daz ir mir alsô verre
hât die wârheit gesaget.
entriuwen, ich bin ein teil verzaget,
1115 mir ist ein zwîvel *geschehen.*
ich wil iu rehte bejehen
wie der zwîvel ist getân
den ich nû gewunnen hân.
ich vürhte daz unser arbeit
1120 von iuwer zageheit
under wegen belîbe.
iuwer rede zæme einem wîbe,
ir sît des hasen genôz.
iuwer angest ist ze grôz
1125 dar umbe daz ich ersterben sol.
dêswâr, irne handelt niht wol
iuwer grôze meisterschaft.
ich bin ein wîp und hân die kraft:
geturret ir mich snîden,
1130 ich getar ez wol erlîden.

10 Vzer *A,* ∷∷er *E.*   **13** Die [war]heit| *E.*   **14a/b** *in E zwei Verse, von denen nur wenige Buchstaben leserlich sind:*
  1114a Ich ∷mac∷|
   b ∷∷ [t]vt e:n|
15 ist ein z. geschehen *Gierach 325 (B 1118)*] ist z. beschehen *A.*   **16** Vñ wil ich| *E.*
18 Des ich nv g| *E.*   **20** Von ivv̊re z| *E,* Gar von v̀werre z. *A,* Von ewer grozen z. *B.*
22 Izn zeme einem w. *B.* Ivwer rede z| *E,* Vwˢ rede gezème *A.*   **23** Ir sit des has| *E.*
eins hasen *AB.*   **24** *Gierach 260, 555*] V̀wer a. ist ein teil ze gros *A,* Wie ist ewer a.
so groz *B.* Iv[wer] ange| *E.*   **25** dar vmbe daz *AE*] Vmb daz *B.* sterben *A.*
26/27 Zwar ir handelt niht wol/ Ewer kvnst vñ ewer m. *B.*   **26** Deswar irn| (ir *A*)
EA.   **27** Iv[v̊e gro]z[e] m| *E,* Mit v̀wer grozen m. *A.*   **28** ein mait *B.*   **29** Tvrret *B.*
30 getar *AE*] tar *B.*   *Danach in B:*
  1130A Ir sait mir vil von svlcher not
   B Vñ wenet des daz ich den tot
   C Dester vorchtlicher lide
   D Da habet ir mir ge libet mite
In B schließen 1157–1164 an, darauf folgen 1130a/b vor 1131.

1130a   Den grimmeclîchen tôt
    b und die angestlîche nôt
      und die mislîche arbeit
      die ir mir vor hât geseit,
      die hân ich wol âne iuch vernomen.
      ich enwære niht anders her komen,
1135 wan daz ich mich weste
      des herzen alsô veste
      daz ich ez wol mac dulden.
      mir ist, bî iuwern hulden,
      diu brœde vorhte gar benomen
1140 und ein sô vester muot komen
      daz ich als angestlîchen stân
      als ich ze tanze süle gân;
      wan dehein nôt sô grôz ist
      diu sich in eines tages vrist
1145 an mînem lîbe genden mac,
      mich endunke daz der eine tac
      genuoc tiure sî gegeben
      umbe daz êwige leben   *Ende E*
      daz dâ niemer zegât.
1150 iu enmac, als mîn muot stât,
      an mir niht gewerren.

30a/b *BE] fehlen A.*   **30a** *Initiale B, Capitulumzeichen E.*   **D**isen grimmiclichen tot *B.*   Den :::mmeklic| *E.*   **30b** Vñ dise engestliche not *B.*   Vñ die ang| *E.*   **31** Vñ die mislic| *E,* Vñ dise misliche *B,* Die engesliche *A.*   **33** Die hatte ich an evch wol v. *B.*   **34** *B(E)]* Zwar ich enwere her niht komen *A.*   Ich enwer[e] | *E.*   **36** Des hˢzen *E,* Des mûtes *A,* An trewen *B.*   **37** wol dvlde *B.*   **38** bi ewere hvlde *B.*   **39** Div brode vor::| *E,* Die brôde varwe *A,* Blode vorchte *B.*   **40** *BE]* Vñ ein mût also vester *A.*   bekvm *B.*   **41** Dc ic[h a]ls :nge| *E.*   also engesliche *A,* als engestlichen *B.*   **42** zv einem tantze *B.*   *Nach 1142 in B:*

      1142a Ich bin mir selber also holt
           b Ich gebe min kvmpfer vm̄e (kvpfer vmbe *Bᵇ*) golt.

43–45 *in B:*

      1143 Wie groz daz min angest ist
      1144 Der tot sich in einer vrist
      1145 An minem libe vol enden mac.

43 *Initiale A.*   *Haupt]* Wan enkein n| *E,* Wande kein n. *A.*   **46** Mich dvncket *B.*
47 Genû *A,* Gnvge *E,* Nicht zv *B.*   **49–54** *fehlen B.*

getrûwet *ir* mînem herren
sîne*n* gesun*t* wider geb*e*n
und mir daz êwige leben,
1155 durch got, daz tuot enzît.
lât sehen welh meister ir sît!
mich reizet vaste dar zuo
– ich weiz wol durch wen ichz tuo –
in des namen ez geschehen sol;
1160 der erkennet dienest harte wol
und lât sîn ungelônet niht.
ich weiz wol daz er selbe giht,
swer grôzen dienest leiste,
des lôn sî ouch der meiste.
1165 dâ von sol ich disen tôt
hân vür eine süeze nôt
nâch sus gewissem lône.
lieze ich die himelkrône,
sô hete ich alwæren sin,
1170 wan ich doch lîhtes künnes bin.‹
        Nu vernam er daz si wære
genuoc unwandelbære
und vuorte si wider dan
hin zuo dem siechen man
1175 und sprach zuo ir herren:
›uns *enmac* niht gewerren,
iuwer maget ensî vollen guot.
nû habet vrœlîchen muot,
ich mache iuch schiere gesunt.‹

---

52 *Lachmann*] Getruwent mime *A*.   **53** *Lachmann*] Sine gesùnde *A*.   **55** Dvrch got endet iz enzit *B*.   in zit *A*.   **56** welich *A*, ob ir ein *B*.   **57–64** *stehen in B nach 1130A–D (s. zu 1130), auf 1156 folgt 1171ff.*   **57** Mich reisset *A*, Vñ reitzet mich *B*. **60** Der e. starken dinst wol *B*.   **61** Er let *B*, sin ŏch *A* (ouch *streicht Gierach 549*). **62** das er selber g. *A*, wez got selbe *B*.   **63** W̌ sweren *B*.   **64** Des l. sie allermeiste *B*. **65–70** *fehlen B (s. zu 1130)*.   **65** *Gierach 551*] so sol *A*.   **71** *Initiale A*.   Do er vur er *B*.   **72** wandelbere *B*.   **73** Do vur (fvrt *B^b*) er sie hin dan *B*.   **74** Wider zv *B*.   **75–78** *in B:*
        1175/78   Er sprach h^sre habet vrolichē mvt
        1177   Ewer mait die ist gvt.
76 enmac *Gierach 542f.*] kan das *A*.

1180 hin vuorte er si anderstunt
in sîn heimlich gemach,
dâ ez ir herre *niene* sach,
und beslôz i*m* vor d*ie* tür
und warf einen rigel vür;
1185 er enwolde in niht sehen lân
wie ir ende solde ergân.
in einer kemenâten,
die er vil wol berâten
mit guoter arzenîe vant,
1190 er hiez die maget *dâ* zehant
abe ziehen diu kleit.
des was si vrô und gemeit,
si zarte diu kleider in der nât.
schiere stuont si âne wât
1195 und wart nacket unde blôz;
si enschamte sich niht eins hâres grôz.
    Dô si der meister ane sach,
in sînem herzen er des jach
daz schœner krêâtiure
1200 al der werlte wære tiure.
sô gar erbarmete si in,
daz im daz herze und der sin
vil nâch was dar an verzaget.

80 Dannen *B.*   an der st. *B,* zestunt *A.*   **82** Da in nieman ensach (gesach *B^b*) *B.*
Gierach 545ff.] niht ensach *A.*   **83/84** *in B:*
    1184   Einen rigel warf er vor (fvr *B^b*) die tvr
    1183   Der arme heinrich beleip da vûr.
83 im vor die *Lachmann*] in vor der *A.*   **86** were getan *B.*   **87** In der k. *B.*   **88** vil
fehlt B.   **89** Von gvter arzedie *B,* Mit sinre arzenien *A.*   **90** Do hiez er si *B.*   dâ
zehant *Gierach 548*] alzehant *AB.*   **91** daz cleit *B.*   **92** *Danach in B:*
    1192a   E | er daz wort vollen sprach
        b   Iren bvssem sie vf brach.
93 Vñ raiz die claider von d^s nat *B.*   **94/95** Alsvst beleip sie ane wat/ Vor im stende
also bloz *B.*   **96** Sv̀ schamte *A,* Vñ enschemte *B.*   eins *fehlt B.*   bloz *B^b.*
97 *Initiale B.*   Do er sie so schone sach *B.*   **98** des *A*] do *B.*   **99** Daz svlche cr. *B.*
1200 al *fehlt B.*   **1** sô gar *Gierach 547*] So sere *B Bonath,* Gar sere *A.*   **2** der mvt
B.   **3** An ir vil nach was verzait *B.*

nû ersach diu guote maget
1205 einen hôhen tisch dâ stân;
dâ hiez si der meister ûf gân.
dar ûf er si vil vaste bant
und begunde nemen in die hant
ein scharphez mezzer daz dâ lac,
1210 des er ze selhen dingen phlac.
ez was lanc unde breit,
wan daz ez sô wol *niene* ensneit
als im wære liep gewesen.
dô si niht solde genesen,
1215 dô erbarmete in ir nôt
und wolde ir sanfte tuon den tôt.
Nû lac dâ bî *im* ein
harte guot wetzestein.
da begunde erz ane strîchen
1220 harte müezeclîchen,
dâ bî wetzen. daz erhôrte
der ir vreude stôrte,
der arme Heinrich, hin vür
dâ er stuont vor der tür,
1225 und erbarmete in vil sêre
daz er si niemer mêre
lebende solde gesehen.

4/5 Do sach ovch die schone mait/ Einen tisch bi ir stan *B.*   **6** *A Bonath*] hiez er si
B Wolff.   Danach in B:
   1206a   Der sprvnc was ho vn̄ lanc
      b   Den die mait vf den tisch spranc.
8/9 Do nam er in sin hant/ Ein messer daz da bi lac *B.*   **11** Daz waz scharf vn̄ br. *B.*
12 niht so wol ensneit *B.   Gierach 545ff.*] niht ensneit *A.*   **13** lip were *B.*   **14** niht
lenger *B.*   **16** Er *B.*   **17** *Initiale A.* Do lag ovch da bi ein *B.* im *Gierach 516*] in *A.*
18 *Lachmann*] Ein harte *A,* Also *B.*   wetzstein B^a, wetzelstein B^b.   **19** ers *A,* er *B.*
20 So rechte mvzlichen *B.*   müezeclîchen *A Bonath*] unmüezeclîchen *Gierach 553*
Wolff.   **21** Do er das strichen er horte *B.*   Da bi o̊ch w. *A (ouch streicht Lachmann).*
22 Sine vrevde gar verstorte *B.*   **23** da fvr *B.*   **24** Er lac vzen bi der tvr *B.*
24 *Danach in B:*
   1224a   Vn̄ gedacht an des kindes treŵe (trewe B^b)
      b   Si begonde in sere rewē.
25 vil] also *B.*   **26** nimmere (+ mere B^b) *B.*   **27** Lebendic s. sehen *B.*

nu begunde er suochen unde spehen,
unz daz er durch die want
1230 ein loch gânde vant,
und ersach si durch die schrunden
nacket und gebunden.
ir lîp der was vil minneclich.
nû sach er si an unde sich
1235 und gewan einen niuwen muot:
in dûhte dô daz niht guot
des er ê gedâht *hâte*
und verkêrte vil *drâte*
sîn altez gemüete
1240 in eine niuwe güete.
    Nû er si als schœne sach,
wider sich selben er dô sprach:
›dû hâst einen tumben gedanc,
daz dû sunder sînen danc
1245 gerst ze lebenne einen tac
wider den nieman niht enmac.
du enweist ouch rehte waz dû tuost,
sît dû benamen *er*sterben muost,
daz dû diz lasterlîche leben
1250 daz dir got hât gegeben
niht vil willeclîchen treist,
und ouch dar zuo enweist
ob dich des kindes tôt ernert.
swaz dir got hât beschert,
1255 daz lâ allez geschehen.
ich enwil des kindes tôt niht sehen.‹

---

28 Er begonde s. *B*.   **29/30** Biz daz er bi im vant/ Ein hol gen dvrch die want *B*.
31 Do sach er sie an den stvnden *B*.   **33–40** *fehlen B, 1233 aber s. zu 1273–1276.*
37/38 *Wackernagel*] Des er do e gedahte/ Vñ verkerte vil getrahte *A*.   **41** *Initiale A*.
Do er sie so schone an sach *B*.   **42** selber *A*.   **43** alweren *B*.   **44–48** *fehlen B, für*
1244 Ersatzvers: Din sin ist leider worden kranc.   **48** ersterben *Gierach 525*]
sterben *A*.   **49** smelich *B^a*, smehelich *B^b*.   **51** vil gewilleclich *A*, gedvldiclichen *B*.
entreist *A*.   **52** Vñ dv doch niht rechte enweist *B*.   enweist *A Bonath*] niene weist
Gierach 545ff.   **53** dis *A*.   **55** laz *B*, la dir *A*.   **56** Dvnen macht ires todes niht
gesehē *B*.   dis *A*.

Des bewac er sich zehant
und begunde bôzen an die want;
er hiez sich lâzen dar in.
1260   der meister sprach: ›ich enbin
nû niht müezic dar zuo
daz ich iu iht ûf tuo.‹
›nein, meister, gesprechet mich.‹
›herre, *jâ* enmac ich.
1265   beitet *unz* daz diz ergê.‹
›nein, meister, sprechet mich ê.‹   *Beginn D*
›nû saget mirz her durch die want.‹
›*ja en*ist ez niht alsô gewant.‹
zehant liez er in dar in.
1270   dô gienc der arme Heinrich hin
dâ er die maget gebunden sach.
zuo dem meister er dô sprach:
›diz kint ist alsô wünneclich,
zewâre, jâ enmac ich
1275   sînen tôt niht gesehen.
gotes wille müeze an mir geschehen!
wir suln si wider ûf lân.
als ich mit iu gedinget hân,
daz silber daz wil ich iu geben.
1280   ir sult die maget lâzen leben.‹

57 *Initiale AB.*   Die rede liez er alzehant *B.*   **58** Er b. cloppfen *B.*   an der *A.*
59 Vñ *B.*   **60** Do sprach der m. *B.*   **63/64** *fehlen B.*   **63** *Lachmann*] herre meister
A.   **64** *Wackernagel*] Herre sprach er ioch *A.*   **65** unz *Wackernagel*] bitze *AB.*
66 Neina meister *B,* Nein herre meister *A.*   *B^a*] gesprechent *A,* besprechet *B^b*.   *Mit*
|et mich e *beginnt D.*   **67/68** *fehlen B.*   **68** ja enist *Gierach*] jâ ist *Wackernagel,*
Ioch ist *A,* Maister ez ist *D.*   so *D.*   **69** Er gienc vñ liez in ein (in in *B^b*) *B.*   Zehant
do *A,* Alsuz *D.*   **70** hainreih *D.*   **71** sie *BD.*   **72** Wider den *B.*   **73–76** *stehen in
B nach 1280, es folgt nach 1280 zunächst der 1273 ähnliche Vers 1233:* Ir lip der ist
so minnenclich *B* (*s. zu 1233–1240), darauf 1274–1276, dann 1280e–v.*   **73** so
sauberleih *D.*   **74** *D Wackernagel*] Zwar ioch *A,* Weizgot nv *B.*   **75** Ires (Ir *D*)
todes *BD.*   **76** mûz *D.*   an mir *fehlt B.*   **77** *Wackernagel*] Wùr sùllen si wider vf
lazen stan *A,* Ir svlt sie wider vf lan *B,* Nu lat sei wider auf stan *D.*   **78** Daz gvt als
ich g. h. *B.*   Also *D.*   **79** *Initiale A.*   Daz wil ich evch vil gerne g. *B.*   Daz selb gût
wil *D* (*s. B zu 1278) Gierach 275, 279.*   **80** *B*] Vñ wil nah gotez gnaden leben *D.*
Wùr sùlt *A.*

1280a daz hôrte vil gerne

    b der meister von Salerne

    c unde volgete im zehant;

    d die maget er wider ûf bant.

       Dô diu maget rehte ersach

       daz ir ze sterbenne niht geschach,

       dâ was ir muot beswæret mite.

       si brach ir zuht und ir site.

1284a si hete leides genuoc;

    b zuo den brüsten si sich sluoc,

1285   si zarte unde roufte sich.

       ir gebærde wart sô jæmerlich   *Ende D*

       daz si niemen hete gesehen,

       im *enwære* ze weinenne geschehen.

       vil bitterlîchen si schrê:

80a–d *D] fehlen AB, vgl. B 1280t.   Versfolge in B (s. zu 1273–1276): 1280, 1233 (vgl. 1273), 1274–1276, dann 18 Plusverse in B (ediert bei Gierach 289f.):*

1280e Er (Der *B^b*) sprach h͜re wolt ir der trewe pflegē

    f Daz ir evch der meide wollet erwegē

    g Liber herre daz tvt

    h Ir wille der ist gar gvt

    i Evch zv bvzen ewer not

    j Dar vmbe mv͜ste sie ligen tot

    k   **D**er arme heinrich do sprach

    l E (+ wold *übergeschr. B^b*) ich ditz vngemach

    m Dvlden me wan tvsent iar

    n Ich gewere evch meist^s vor (fvr *B^b*) war

    o Daz ir mir niht weizzet (wizet *B^b*) wan gvt

    p Er gewan einen vrolichen mvt

    q Do er die mait solde lazen leben

    r Svst wart der lip ir gegeben

    s Daz sie des todes niht enleit

    t Die bant der meister vf sneit

    u Vñ reichte ir die cleider

    v Da geschach nie h̤ chinde leider.

81 *Initiale B, in A bei 1279.* iunch fraw *D.* rehte ersach *A*] ersach *D,* do gesach *B.*
82 zů sterbende *A,* daz sterben *B,* sterben *D.*   **83** ward *D.* ir muot *AD*] sie *B.*
84a/b *D] fehlen A, in B umgestellt:* Zv der brvst sie sich slvc/ Si hatte leide genvc.
85 *Sprenger Germania 37 (1892) 173*] Zů grime zart sv̀ sich vñ r. sich *A,* Si rovfte
vñ cratzte sich *B. In D Zeile bis auf Buchstabenoberlängen weggeschnitten, Gierach*
270 und 280 ergänzt :::: vñ rauft sich.   **86** *Mit* Ir*(?) endet D 1^r, 1^v setzt mit 1291 er*
gan *wieder ein.* was *B.*   **87** Daz iz *B.*   **88** Bech] Ime were *AB.*   **89** lvte *B.*

1290   ›wê mir vil armen und ouwê!

wie sol ez mir nû ergân,   *Beginn D*

muoz ich alsus verlorn hân

die rîchen himelkrône?

diu wære mir ze lône

1295   gegeben umbe dise nôt.

nû bin ich alrêst tôt.

ouwê, gewaltiger Krist,

waz êren uns benomen ist,

mînem herren unde mir!

1300   nû enbirt er und ich enbir

der êren der uns was gedâht.

ob diz wære volbrâht,

sô wære im der lîp genesen,

und müese ich iemer sælic wesen.‹

1305   Sus bat si gnuoc umbe den tôt.

do *en*wart ir nie dar nâch sô nôt,

si*ne* verlüre gar ir bete.

dô nieman durch si niht *en*tete,

dô huop si ein schelten.

1310   si sprach: ›ich muoz engelten

mînes herren zageheit.

mir hânt die liute misseseit,

daz hân ich selbe wol ersehen.

ich hôrte ie die liute jehen,

1315   ir wæret biderbe unde guot

und hetet vesten mannes muot;

90 Owe mir vñ owî *B.*   **91** Daz ich ie wart geborn *B.* |er gan *D,* gar ergan *A* *(gar streicht Lachmann).*   **92** Sol ich also v. h. *D,* Nv han ich alrest v̊lorn *B.* **93** riche *AB^b.*   **95** Geuallen fur diseu n. *D,* Hevte gegeben vmme die n. *B.*   **96** Nv alrest bin ich tot *BD.*   **1297–1308** *fehlen ohne Lücke in D.*   **1297** genediclicher *B.* **1304** Vñ ich mv̊st immer heilic w. *B.*   **5–8** *in B:*

    1305   Wie vil sie bete v̄me iren tot
    1306   Ir waz dar zv so (vil *B^b*) not
    1308   Do nieman nah irem willen tete
    1307   Weder dvrch drowe noch dvrch bete.

5 *Initiale AB.*   **6** enwart *Wolff*] wart *A.*   **7** sine *Bech*] Sv̀ *A.*   **8** niht entete *Gierach (545ff.)*] do niht dète *A.*   **9** si *Bech*] sv̀ an *A,* sich *BD.*   **12** Di leut habent mı̊r *D.* mizzait *D,* war geseit *B.*   **13** Ovch han ich iz selber (selb *D*) wol gesehen *BD.* selber *A.*   **14** ev ie *D.*   **15–23** *B erzählt in der 3. Person.*   **15** Min herre were *B.* pider *D.*   **16** het *D,* trv̊ge *B.* vestes *BD.*

sô helfe mir got, si hânt gelogen.
diu werlt was ie an iu betrogen;
ir wâret alle iuwer tage
1320 und sît noch ein werltzage.
des nim ich wol dâ bî war:
daz ich doch lîden getar,
daz enturret ir niht dulden.
herre, von welhen schulden
1325 erschrâket ir dô man mich bant?
ez was doch ein dickiu want
enzwischen iu unde mir.
herre mîn, geturret ir

17 *D*] Sv̀ helfe mir gott *A*, Daz weizgot wol *B*.   **18** an ev (v̀ch *A*) *DA*, mit im *B*.
19 Er waz *B*.   alle *DB*] ie alle *A*.   **20** *Gierach 549*] Vñ sint ŏch noch *A*, Vnd seit
heut *D*, Vñ ist noch hevte *B*.   ein pŏser zag *D*.   **21/22** *AD*] *fehlen B.   Nach 1320
in B (s. D 1322q–t):*
  1320a Daz im einez kindes tot
     b Hvlfe vz aller slachte not
     c Daz im ane svnde were
     d Vñ ane laster bere.
21 des *D Wackernagel*] Das *A*.   do pei vil wol *D*.   **22** doch *fehlt D.   Nach 1322
hatte D, beginnend mit vergrößertem Anfangsbuchstaben, 20 Plusverse, von denen
13 erhalten (sieben sind mit dem unteren Rand von 1ʳ/ᵛ weggeschnitten) und die
erhaltenen letzten vier 1322q–t auch in B überliefert sind (1320a–d s. zu 1321/1322).
Die erhaltenen Verse in D (Echtheit erörtert und ediert bei Gierach 291f.):*
  1322a Dez getv̆rret ir niht g e s e h e n *(vgl. 1323)*
     b Ich hor (hort ?) manigen i e h e n
     c Eu lobez vnd warhait
     d Nv ist ev daz fv̆r [geleit
     e Daz ev dˢ leib genesen mach]
*von der letzten Zeile Bl. 1ᵛ (1322d/e) nur Buchstabenspitzen erhalten, danach Verlust
von sieben Versen bis zum Beginn von 2ʳ:*
  1322m . . . daz hart vil gusehen
     n Ez ist aber ev niht guschehen
     o Daz ein man dreisich slueg
     p Vnd sih dez todez vber wueg
     q Nv (ws *Keinz*) hulf ev einz chindez tod
     r Auz aller evr nŏt
     s Dest (Des? *Keinz*, deß *Gierach*) ev vnlasterbær
     t Vnd an sv̆nde wær.
23 Das engetv̀rrent ir *A*, Das entravt er *B*, Dez mv̆get ı̊r *D* (*vgl. D 1322a*).   v̆dvlden
BD.   **24** Se herre *B*.   **25** Erschrakent ir *A* (*zu* erschrĕcken *stv.*), Erschrachet *B*,
Erschracht *D* (*zu* erschrecken *swv.*).   **26** Nv was *BD*.   dicheu *DA*, veste *B*.
27 Zwischen *BD*.   **28** Daz weizgot nv entvrret ir *B*.   mîn *fehlt D*.

einen vremeden tôt niht vertragen?
1330 ich wil iu geheizen unde sagen
daz iu nieman niht entuot,
und ist iu nütze unde guot.
1332a ob irz durch iuwer triuwe lât,
b daz ist ein vil swacher rât
c des iu got niht lônen wil,
d wan der triuwen ist ze vil.‹
Swie vil si *vlêhe* unde bete
und ouch scheltens getete,   *Beginn E*
1335 daz enmohte ir dehein vrume wesen;
si muose iedoch genesen.
swaz dô scheltens ergienc,
der arme Heinrich ez emphienc
tugentlîchen unde wol,
1340 als ein vrumer ritter sol
dem schœner zühte niht gebrast.
dô der gnâdelôse gast
sîne maget wider kleite
und den arzât bereite

29/30 *AD*] Einen vremden tot niht g e s e h e n / Ich wil evch getrevlichen i e h e n *B* (*vgl. die Reime D 1322a/b*). **31** nicht tůt *D*. **32** Izn si *B*. **32a–d** *BD*] *fehlen A*. **32b** vil] also *B*. **32c** danken *B*. **32d** Der tr. ist gar zv vil *B* (*vgl. 827*). *Darauf in B noch 8 Verse:*

    1332e Vñ mines herzen sere
       f Irn dvrfet nimmer mere
       g Mir noch anders nieman clagē
       h Ich wil iz evch werlichen sagē
       i Ver sprechet ir daz arzetbvch
       j Daz weiz got wol ich en rvch
       k Wie lange evch got den lip qvelt
       l Nv ir mir niht volgen welt.

33–36 *AD(E)*] *fehlen B*. **33** vlêhe *Wackernagel*] flůche *A*, scheltens *D*. **34–82** *In E nur Versenden von längeren Versen erhalten, die im folgenden angeführt sind.* **34** Vñ fluchenz getet *D*. **35** moht *D*. dehein vrume *D(E)*] nùt frum *A*. |[v]rvme wesē *E*. **36** mŭste ie doch *A*, mŭst dannoch *D*. **37/38** *B*] ergie : enphie *AD*. **37** *Initiale B*. Swaz sie scheltens begienc *B*. |gienc *E*. **38** ez *fehlt D*. |:ervienc *E*. **39/40** *BD*] *umgestellt A*. **39** Ge dvldiclichen *B*. **40** vrumer *AD*] hvbsch *B*. **41** schŏner sinn *D*, gantzer tvgende *B*. nie gebrast *B*, niht zebrast *D*. |gebrast *E*. **42** Vñ do *A*. **43/44** Sinen arcet hatte bereit/ Vñ sine ivncvrowen ge cleit *B*. **43** Di mait wider gechlait (: berait) *D*. [k]lei[te] (: |e) *E*.

1345 als er gedinget hâte,
dô vuor er *alsô* drâte
wider heim ze lande.
swie wol er daz erkande
daz er dâ heime vunde
1350 mit gemeinem munde
niuwan laster unde spot,
daz liez er allez an got.
    Nû hete sich diu guote maget
sô gar verweinet und verklaget,
1355 vil nâ*ch* unz an den tôt.
do erkande ir triuwe und ir nôt
cordis speculâtor,
vor dem deheines herzen tor
vürnames niht beslozzen ist,
1360 sît er durch sînen süezen list
an in beiden des geruochte,
daz er si versuochte
rehte alsô volleclîchen
sam Jôben den rîchen.
1364a do er in des siechen hant
   b bärmde und triuwe vant
   c und ouch die vil reine maget
   d an triuwen vant sô unverzaget
   e daz si benamen ir leben
   f in gotes güete wolde geben,

45/46 *fehlen B.*   **46** Do cherat er *D.*   alsô *Gierach 284*] gar *A,* uil *D.*   getrate *A.*
47 Do vur er heim *B.*   **48** Wie wol er daz (do *A*) *DA,* Swie daz er *B.*   **49** do niht
en | fund *D.*   **50** Wan mit *D,* Mit einem *B.*   gemeinen *A.*   **51** Niht wan l. *B.*
Grozz lazzter *D.*   **52** allez *BD*] lùterlich *A.*   hin zv *B.*   **53–55** *Wigalois (ed.*
Kapteyn) 2159–61: Nu hêt sich diu reine maget/ beidiu verweinet und verklaget/ daz
si vil kûme mohte geleben.   **53** *Initiale A.*   Nu het auch di rain maget *D,* Do hatte
sich ovch die schone mait *B.* |[a]get *E.*   **54** sô gar *D*] So *A,* Gar *B.* |claget *E.*
55 *Gierach 284*] Vil nahen untz *D,* Vil nahe hin unz *A,* Sere biz *B.*   an ir *D,* vf des
libes *B.* |n tot *E.*   **56** |vñ ir not *E.*   **57** *AD*] Cordis peccator *B.*   **58** Da deheines
herzen tor *B,* Dem dehain hertz vor *D.*   **59** Benam verborgen *D,* Nimmer vor
beslozzen *B.* |ē ist *E.*   **60** Der dvrch *BD.*   sine svze l. *B.* |list *E.*   **61** Sev paidev
berûcht *D,* An ir des ger. *B.*   **62** Vnd auch seu *D.*   sv̀ so *A.*   **63** Also rechte *B,*
Also *D.*   **64** Also ovch *B.*   iobe *A,* iob *DB*^{*b*}.   **64a–f** *D(E)*] *fehlen AB. In E nur*
Reste von den Reimwörtern 1364a–d erhalten, Raum für 1364e/f sicher erschließbar.
64b Barme *D.*

1365 dô erzeicte der heilic Krist
wie liep im triuwe und bärmde ist
und schiet si dô beide
von allem ir leide
und machete in dâ zestunt
1370 reine unde wol gesunt.
Alsus bezzerte sich
der guote herre Heinrich   *Ende D*
daz er ûf sîne*m* wege
von unsers herren gotes phlege
1375 harte schône *genas,*
daz er vil gar *worden* was
als vo*n* zweinzic jâren.
do si sus *ge*vreuwet wâren,
do enbôt erz heim ze lande
1380 den die er erkande
der sælden und der güete,
daz si in ir gemüete
sînes gelückes wæren vrô.
von schulden muosen si dô
1385 von den gnâden vreude hân
die got an im hete getân.

65 Da gedacht *B.*   der genædich christ *D,* vnser hᵉre crist *B.*   **66** vnd barmde *D,* vñ
erbermde *A, fehlt B.*   **67** do *fehlt D.*   **68** Vor *D.*   allen *A.*   **69–77** *in B:*
   1369   Vñ machte den hᵉren vf dem wege *(1369+1373)*
   1374   Von vnsers herrengotes pflege
  1374a An aller slachte zwifele
     b   Gesvnt an sinem libe
   1376   Daz er also wol genas
   1377   Als er vor zweinzick iaren was.
69 in *A*] seu *D.*   dâ zestund *Gierach 547f.*] do zestund *A,* sazestund *D.*   **71** *Initiale A.*
Also bezzert do sih *D.*   **72** *Mit* Der guet *endet D.*   **73** sînem *Lachmann*] sinen *A.*
74 |s phlege *E.*   **75–77** *Wolff (E)*] Harte schone worden was/ Do er vil gar genas/
Vñ was alse vor zwenzig iaren *A.*   . . . |as/ . . . |was/ . . .|[a]ren *E.*   **77** von
Wackernagel] vor *AB.*   **78–86** *in B ersetzt durch vier Verse, beginnend mit Initiale:*
  1377a DO die zeichen waren geschen
     b   Als wir ditz bvch horen iehen
     c   Da die warheit stet geschriben
     d   Izn wart niht lenger v̊swigen.
78 *Gierach 543*] erfrowet *A.* |ren *E.*   **79** |ande *E.*   **1383–1418** *In E nur
Versanfänge erhalten.*   **1384** mûsten *A.*   **86** Die got hat an ime g. *A.*   Die got
a[n]| *E.*

1386a   Diz wurden lantmære,
  b daz genesen wære
  c der guote Heinrich.
  d des vreuten die liute sich,
  e ez enbenæme eteswenne der nît,
  f der sît Adâmes zît
  g in der werlde nie gelac
  h noch geliget *unz* an den suo*n*tac.
       Sîne vriunt die besten
       die sîne kunft westen,
       die riten unde giengen
1390   dâ si in emphiengen
       *en*gegen im wol drîe tage.
       si engeloupten niemens sage
       niuwan ir selbe*r* ougen.
       si kurn diu gotes tougen
1395   an sînem schœnen lîbe.
       dem meier und sînem wîbe
       den mac man wol gelouben,
       man enwelle si rehtes rouben,
       daz si dâ heime niht beliben.
1400   si ist iemer ungeschriben,
       diu vreude die si hâten.
       si hete got berâten
       mit lieber ougenweide,
       die gâben in dô beide

86a–h *B(E)*] *fehlen A.*   **86a** *Capitulumzeichen E.*   **D**iz w:rde[n]| *E,* Iz (Izn *B^b*)
wurden *B.*   **86b** Dc genese| *E.*   **86c** D^s g v͆te heī| *E,* Der gvte herre heinrich *B (vgl.*
1372).   **86d** Des vrow[e]| *E.* alle die levte *B.*   **86e** Ez enbene[m]| *E,* Izn ė neme
(Iz enneme *B^b*) denne *B.*   **86f** D^s sit ada| *E,* Der sider adames *B.*   **86h** Noch gelig| *E.*
Noch geleit biz an den svnes tac *B.*   **87** *Initiale AB, Capitulumzeichen E.* **R**Ine *B^a*.
88 kraft *B^b*.   **90** dâ si *EB*] Durch das *A.*   **91** *Gierach 538*] Gegen *ABE.* in *B^b*.
dri *B.*   **92** Sie gelovbeten anders deheiner s. *B.*   **93** niuwan *Gierach (325)*] Danne
AE, Wanne *B^b,* Wan *B^a.* selber *Lachmann*] selbes *AB,* sel| *E.*   **94** Si kurn *EB*] Sv̀
kusent *A.*   **97/98** *umgestellt B.*   **97** Ir svlt irz wol g. *B.*   **98** Man en wolle sie *B,*
Men welle sv̀ danne *A.* Man wel| *E.*   **1400/1401** Die vrevde ist immer vng./ Die
sie beide h. *B.*   **2** Wan (Do *B*) sv̀ got hette b. *AB.* Si hete got | *E.*   **3–10** *ersetzt in*
B durch:

        Daz gesvnt waren b e d e *(vgl. 1409)*
        Ir tochter vñ ir herre *(1405).*

1405 ir tohter und ir herre.
ez enwart nie vreude merre
dan in beiden was geschehen,
dô si hâten gesehen
daz si gesunt wâren.
1410 si enwesten wie gebâren,
1410a dô si dar solden gâhen
b dâ si si muosen emphâhen.
ir gruoz wart spæhe undersniten
mit vil seltsænen siten:
ir herzeliebe wart alsô grôz
daz in daz lachen begôz
1415 der regen von den ougen;
der rede ist *un*lougen.   *Ende E*
si kusten ir tohter munt
etewaz mê dan drîstunt.
do emphiengen in die Swâbe
1420 mit lobelîcher gâbe;
daz was ir willeclîcher gruoz.
got weiz wol, den Swâben muoz
ieglich bider*be* man jehen,
der si dâ heime hât gesehen,
1425 daz bezzers wille*n* niene wart

7 D:nne in bei| *E.* 9–12 *In E sechs Verse statt vier, aber nur wenige Buchstaben leserlich. Die zwei Plusverse von B 1410a/b sind in E erschließbar, wenn auch nicht sicher identifizierbar.* 9 Dc si [ges]::: *E.* 10 S: ::wes:| *E.* wie gebâren *Lachmann*] wie sv̀ gebaren *A.* 10a/b *B, in E unleserlich, fehlen A.* 10b Da si sie mvsten enphahen *B.* 11 Der grvz waz vnder s. *B.* 12 Mit :::: sel| *E.* vil *fehlt B.* 13 Mit drivalder vrevde grôz *B.* Ir h^sze liebe| *E.* 14 Dc ir ::eid^s| *E.* in *fehlt B.* 15 D^s regen von | *E.* 16 *Gierach 537 (Iwein 2966)*] Die rede (Daz *B*) ist ane lõgen *AB.* Dc ist dehei[n]| *E. Nach 1416 in E vier Schlußverse:*
1416a Nv hant si v|
b [Got?] dvrch si|
c Mṽze vns d:|
d Vñ ze selden|
18 Michel me (Michels mer *B^b*) wan d. *B.* 19 Ovch *B.* in *B*] sv̀ *A.* swaben *B.* 20 Mit herlicher gaben *B.* 21 Iz waz ein *B.* gewilleclicher *A.* 22–24 *in B ein Vers:* Ein ieslich man des iehen mvz. 23 *Wolff*] biderman *A.* 25 *Haupt*] Daz bessers wille nie enw. *A,* Daz grozer vrevde nie w. *B.*

59

dan als *in* an *der* heimvart
sîn lantliut emphienge.
wiez dar nâch ergienge,
waz mac ich dâ von sprechen mê?
1430 er wart rîcher vil dan ê
des guotes und der êren.
daz begunde er allez kêren
stæteclîchen hin ze gote
und warte sînem gebote
1435 baz dan er ê tæte.
des ist sîn êre stæte.
  Der meier und diu meierin
die heten ouch vil wol umbe in
verdienet êre unde guot.
1440 ouch hete er niht sô valschen muot,
si enhetenz harte wol bewant.
er gap in ze eigen *dâ* zehant
daz breite geriute,
die erde und die liute,
1445 dâ er dô siecher ûfe lac.
sîner gemaheln er dô phlac
mit guote und mit gemache
und mit aller slahte sache
als einer vrouwen ode baz;
1450 daz reht gebôt ime daz.

26–28 *in B:*
  1426 Swie ez an iren (irem *B^b*) heim vart
  1428 Vurbaz er gienge
  1427 Oder wie sie ī enpfiengē (-e *B^b*).
26 *Gierach 553*] Als ime an sinre heinvart *A*.　　**28** *Wackernagel*] Vñ wie es *A*.
29 gesprechē *B*.　　**30** er *B^b*] Her *B^a*, Wan er *A*.　　**33** Stetecliche *A*, Williclichen *B*.
34 Vñ leiste gerne me sin gebot *B*.　　**35** *Initiale A (s. zu 1437).*　　**36** Des beliben sie
in irre stete *B*.　　**37** *keine Initiale AB, in A bei 1435.*　　**38** ouch vil *fehlt B*.
40/41 Er hatte nie so swachen mvt/ Izn were rechte wol bewant *B Willson MLR 74*
(1979) 339f.　　**41** Sù hettens *A*.　　**42** Zv eigene gab er in alzehant *B*.　　dâ zehant
Bech] daz lant *A*.　　**43/44** *umgestellt B*.　　**45** Do er do *A*, Do er *B*.　　**46** genaden *B*.
47/48 *fehlen B*.　　**49** Alse sinre *A*.　　vñ *B*.　　**50** ŏch das *A*.　　**50** *Danach in B:*
  1450a Vch sin tvgenthafter mvt
  b Er was getrewe vñ gvt.

60

Nu begunden im die wîsen
râten unde prîsen
umbe êlîche hîrât.
ungesamenet was der rât.
1455 er sagete in dô sînen muot:
er wolde, diuhtez si guot,
nâch sînen vriunden senden
und die rede mit in enden
swar si ime rieten.
1460 biten und gebieten
hiez er allenthalben dar
die sînes wortes næmen war.
dô er si alle dar gewan,
beide mâge unde man,
1465 dô tet er in die rede kunt.
nû sprach ein gemeiner munt,
ez wære reht unde zît.
hie huop sich ein michel strît
an dem râte under in.
1470 dirre riet her, der ander hin,
als ie die liute tâten
dâ si solden râten.
ir rât was sô mislich.
dô sprach der herre Heinrich:
1475 ›iu ist allen wol kunt
daz ich vor kurzer stunt
was vil ungenæme,
den liuten widerzæme.

51 *Initiale A.* Da *B*ᵃ, Do *B*ᵇ. im *B*] in *A.* **53/54** *s. zu 1472.* **53** *Gierach 538*]
elichen hirat *A,* elich (eliche *B*ᵇ) vriat *B.* **55** in dô] in allen *B.* **56–58** *in B:* Er sprach
dvncket iz si gvt / Er wolde sich besenden / Vñ die rede vol enden. **59–62** *fehlen B.*
59 *Lachmann Wolff*] Swa sv̀ es eime r. *A,* swie sîz ime r. *Gierach 307f. Mettke.*
63–65 *in B:* Wie schire er da gewan / Vrevnt mage | Dinstman / Vñ tet iz in allentsamt
kvnt. **66** Do *B.* **67** reht *A*] gvt *B.* **68** Do *B.* **69** Zwisschen *B.* **70** Der eine
reit her *B.* der ander riet hin *A.* **71** ie *fehlt B.* **72** Do sv̀ do solten r. *A,* Do man
solde r. *B.* *Nach 1472 wiederholt A die Verse 1453/1454.* **73** Do ir rat *A,* Ir rat
der *B.* so *fehlt B.* **74** der herre *B*] der arme *A.* **75** *Haupt*] Vch herren ist *A,* Nv ist
evch *B.* **76/77** Daz ich was in k. st. / Harte vng. *B.* **78** Vñ der werlde w. *B.*

nu enschiuhet mich man noch wîp;
1480 mir hât gegeben gesunden lîp
unsers herren gebot.
nû râtet mir alle durch got,
von dem ich die genâde hân
die mir got hât getân,
1485 daz ich gesunt worden bin,
wie ichz verschulde wider in.‹
si sprâchen: ›nemet einen muot
daz im lîp unde guot
iemer undertænic sî.‹
1490 sîn trûtgemahel stuont dâ bî
die er vil güetlich ane sach.
er umbevienc si unde sprach:
›iu ist allen wol gesaget
daz ich von dirre guoten maget
1495 mînen gesunt wider hân,
die ir hie sehet bî mir stân.
nû ist si vrî als ich dâ bin;
nû rætet mir al mîn sin
daz ich si ze wîbe neme.
1500 got gebe daz es iuch gezeme,
sô wil ich si ze wîbe hân.
zewâre, mac daz niht ergân,
sô wil ich sterben âne wîp,
wan ich êre unde lîp
1505 hân von ir schulden.

79–81 *in B:* Nv han ich einen gesvnden lip/ Nv schewet mich wed^s mā noch wip/ Von vnsers herren gebot. **79** man noch w. *Gierach 538*] weder man noch w. *AB.* **82** raten *A.* **84** got zv mir *B.* **85–89** *ersetzt in B unter Auslassung von 1485:*
1486 Wie ich iz v̂schvlde wider in
1487 Sie sprachen nemet evch einē s i n
1488 Daz evh lip vñ gvt
1488a Dar zv ewer steter mv̂t
1489 Immer vnder tan si.
90 Sin gemale *B Wolff.* **91** liplich *B.* **93** *Haupt*] Vch herren ist *A,* Nv ist evch *B.* wol *AB^b*] vol *B^a.* **94** schonen *B.* **95** Minen lip gesvnden han *B.* **96** Die ir vor evh hie sehet stan *B.* **98** *Gierach 564 Anm. 1*] aller min sin *B,* das herze min *A.* **99** zv einer vrowen *B.* **1500** es mir gezème *A,* iz evh wol g. *B.* **1** *fehlt B.* **2** Mag aber des niht ergan *B, darauf* 1502a So svlt ir merken svnder wan *(s. zu 1501).* **3** bliben *B.* **4/5** Wan ich han ere vñ lip/ Nicht wan von iren s. *B.*

bî unsers herren hulden
wil ich iuch biten alle
daz ez iu wol gevalle.‹
    Nû sprâchen si alle gelîche,
1510 beide arme und rîche,
ez wære ein michel vuoge.
dâ wâren phaffen genuoge,
die gâben si im ze wîbe.
nâch süezem lanclîbe
1515 do besâzen si gelîche
daz êwige rîche.
alsô müezez uns allen
ze jungest gevallen!
den lôn den si dâ nâmen,
1520 des helfe uns got! âmen.

6 Dvrch *B.*   **7** So bit ich evh alle *B.*   **9/10** *fehlen B.*   **9** *Initiale A.*   **11** Daz davchte sie ein fvge *B.*   **12** Da was *B.*   **13–20** *Schluß in B:*

1513 Die gaben sie im zv einer elichē k o n e
1513a Nach wertlicher (werltl. *B*^*b*) w o n e
   b Wolden sie beide niht
   c Zweier engel zv versicht
   d Schein an in beiden
   e Do sie sich mvsten scheiden
   f Er hette sie wol beslafen
   g Nach wertlichem (werltl. *B*^*b*) schafen
   h Vor gote er sichez getroste (getroster *B*^*b*.)
       (Vor gote sichs getroster *Wackernagel*)
   i Er tet sich (sie *Wackernagel*) in ein kloster
   j Vñ bevalch sich der vrien
   k Gotes mvter sente marien
   l Da bi in einen tvm (einem tvme *B*^*b*)
   m Wie mocht er immer baz ge tvn
1515 Da ver dienten sie beide geliche
1516 Daz vrone himelriche
1517 Daz lon mv̂z vns allen
1518 Zv ivngest gevallen
1519 Daz sie da genamen
1520 Des helfe vns got amen
1520a Dvrch siner martir ere
   b Nv en ist der rede niht mere

Mit 1517/18, 1520/20a vgl. den Schluß der ›Rittertreue‹ in derselben Hs., Cpg 341, 369^*va*: Also mv̂z vns allen/ Ze ivngest wol gevallen/ Des helfe vns der riche got/ Der fv̂r vns alle leit den tot.